ver**narr**t in wissen

narr\f
ranck
e\atte
mpto

© 2019 · Narr Francke Attempto Verlag GmbH + Co. KG
Dischingerweg 5 · D-72070 Tübingen

Internet: www.narr.de
eMail: info@narr.de

CPI books GmbH, Leck

ISBN 978-3-8233-8355-0 (Print)
ISBN 978-3-8233-9355-9 (ePDF)

Inhalt

\ **Erhebendes**
Zur feierlichen Eröffnung

Grußwort der Geschäftsführerin
des Landesverbands Baden-Württemberg e. V.

Ein Verleger feiert gleichzeitig mit seinem Verlag Jubiläum, wie passend für Dr. Gunter Narr.

Als wäre ein 80. Geburtstag nicht genügend Grund zu herzlicher Gratulation und Würdigung eines Lebenswerkes. Es sind auch 50 Jahre Verlag Gunter Narr. 50 Jahre im Dienst der (Sprach-) Wissenschaft und 50 Jahre im Dienst der Branche.

Aus dem Nichts schuf Dr. Gunter Narr 1969 mit der Reihe *Tübinger Beiträge zur Linguistik* seinen gleichnamigen Verlag. Daraus ist 50 Jahre später durch behutsame verlegerische Arbeit und Zukäufe unter anderem der Verlage Francke und Attempto eine breit aufgestellte Verlagsgruppe geworden, die bestens gerüstet ist, die Herausforderungen der Zukunft anzunehmen.

Doch nicht nur das eigene Unternehmen stand im Vordergrund, Dr. Gunter Narr hat sich immer auch als Teil einer Branche gesehen, für die er Verantwortung übernehmen wollte.

Als sich zu Beginn der 1970er Jahre mehrere wissenschaftliche Verlage zu einer Verlagskooperation – der heute noch erfolgreichen utb GmbH – zusammenschließen, die es ermöglichen soll, kostengünstige Taschenbuchreihen zu verlegen, ist er sehr schnell mit dabei.

Seit 1.4.1973 ist der Verlag Gunter Narr auch Mitglied im Börsenverein des Deutschen Buchhandels. *„Aus dem beigefügten Prospekt geht hervor, dass der Verlag schon eine ganze Reihe Titel herausgebracht hat. Satzungsmäßig gibt es keine Bedenken den Verlag aufzunehmen."* Mit diesen trockenen Worten wurde die Aufnahme in den Börsenverein des Deutschen Buchhandels damals befürwortet.

Umso wortreicher und persönlicher war dagegen die Auszeichnung zum Ehrenmitglied, die der damalige Vorsitzende des Landesverbandes, Dr. Konrad M. Wittwer, auf der Hauptversammlung 2005 vornehmen durfte. 18 Jahre lang, von 1983 bis 2001, war Dr. Gunter Narr im Verleger-Ausschuss des Landesverbandes, genau so lange auch als Mitglied, ab 1986 als Vorsitzender des Sozialpolitischen Ausschusses als Verhandlungsführer des Verbandes bei Tarifverhandlungen aktiv. Von 1987 bis 2005 war Dr. Gunter Narr Mitglied des Vorstands im Landesverband Baden-Württemberg.

Darüber hinaus war er von 1996 bis 2000 als Mitglied der Abgeordnetenversammlung beim Bundesverband in Frankfurt aktiv.

Seitdem ist Dr. Gunter Narr zwar nicht mehr direkt ehrenamtlich engagiert, dem Verband aber weiterhin interessiert verbunden. Auf vielen Veranstaltungen unseres Verbandes meldet er sich zu Wort und auch bei den geführten Politikerrundgängen auf der Frankfurter Buchmesse ist die Verlagsgruppe Narr Francke Attempto fester Bestandteil. Denn selten lässt sich erfolgreiche verlegerische Arbeit so gut präsentieren wie durch einen Besuch am Messestand der Familie Narr. Besonders seit mit Robert Narr die nächste Generation in die Verlagsführung eingebunden ist, strotzt man dort vor Energie und Freude auf zukünftige Herausforderungen. Es ist mir eine wahre Freude, ein so erfolgreiches Mitglied zeigen zu dürfen.

Im Namen des Börsenvereins des Deutschen Buchhandels, Landesverband Baden-Württemberg, seines Vorstandes und seiner Mitglieder wünsche ich Dr. Gunter Narr persönlich alles erdenklich Gute, Glück und vor allem eine gute Gesundheit. Dem Verlag Gunter Narr, der Geschäftsführung und allen Mitarbeitern wünsche ich weiterhin gute Geschäfte und eine glückliche Hand bei allen Investitionen und Projekten der Zukunft.

Reinhilde Rösch
Geschäftsführerin
Börsenverein des Deutschen Buchhandels,
Landesverband Baden-Württemberg e. V.

Grußwort des Oberbürgermeisters

80 Jahre Gunter Narr und 50 Jahre Narr Verlag – zwei Jubiläen, die es dieses Jahr zu feiern gilt. Dass beide Jubiläen gemeinsam auf dieses Jahr fallen, kann nicht passender sein. Denn Gunter Narr und der Narr Verlag sind unzertrennbar miteinander verbunden. Zu diesem außergewöhnlichen Doppel-Jubiläum gratuliere ich daher im Namen der Stadt ganz herzlich!

Ein halbes Jahrhundert publiziert der Narr Verlag bereits in Tübingen Bücher, die in alle Welt gehen. Es freut mich ungemein, dass dieser traditionsreiche und wissenschaftlich anerkannte Verlag in unserer Universitätsstadt zuhause ist und mit zahlreichen Fachbüchern den wissenschaftlichen Diskurs vorantreibt. Wie wichtig es der Verlegerfamilie ist, Tübingen auch als Ort der Literatur zu bewahren, zeigt die jüngste Neugründung des belletristischen Verlages Klöpfer, Narr.

Der Narr Verlag ist bestes Beispiel, wie es gelingen kann, das Buch als Wissensgut weiterhin in den Fokus der Arbeit zu stellen – auch in Zeiten von Smartphone und Tablet. Und was wären die Geisteswissenschaftler ohne die Reihen der *Bibliotheca Germanica*, den *Studien zur deutschen Sprache* oder den *Classica Monacensia*?

Eine ebenso wichtige Frage aber lautet auch: Was wäre der Narr Verlag ohne Gunter Narr?

Sie, lieber Herr Narr, haben Ihren Namen fest in der Welt der Bücher etabliert. Mit Ihrer Begeisterung für Bücher und für die Wissenschaften haben Sie einen der führenden Wissenschaftsverlage erschaffen. Ich gratuliere Ihnen ganz herzlich zu diesem Lebenswerk und zu Ihren 80 Lebensjahren. Ich hoffe, Sie schauen mit Stolz auf die vergangenen Jahrzehnte zurück und können sich daran erfreuen, was Sie hier in Tübingen aufgebaut und weiterentwickelt haben. Denn 80 Jahre Gunter Narr sind 50 Jahre erfolgreicher Narr Verlag. In diesem Sinne wünsche ich Ihnen noch viele weitere Jubiläen und gute, glückliche Jahre!

Ihr

Boris Palmer
Oberbürgermeister

Grußwort des Geschäftsführers utb

Dr. Gunter Narr zum 80. Geburtstag

Das Sahnehäubchen auf einer Erfolgsgeschichte

Was für eine großartige Entwicklung: Von den *Tübinger Beiträgen zur Linguistik* zu dem, was nach 50 erfolgreichen Jahren der Narr \ Francke \ Attempto Verlag heute darstellt. Aus der engagierten Idee eines Romanistik-Studenten und seiner wissenschaftlichen Buchreihe ist heute eine Verlagsgruppe entstanden, die in der Verlagsszene ihresgleichen sucht. Die Narr Francke Attempto Verlag GmbH + Co. KG, wie amtlich ihr Name lautet, ist heute einer der führenden Wissenschaftsanbieter im Bereich Germanistik, Romanistik, Anglistik, Fremdsprachendidaktik, Theologie und Kulturwissenschaften. Und damit nicht genug: Seit kurzem wird das Verlagsprofil durch den Zukauf des UVK Verlags im geisteswissenschaftlichen Bereich vertieft und durch die Fachbereiche Wirtschaft, Management, Tourismus, Sozialwissenschaften und IT auf überzeugende Weise ergänzt. Der ebenfalls neu erworbene expert verlag erweitert das ambitionierte Verlagsportfolio um praxisnahe und fundierte Fachliteratur zur Elektrotechnik, Tribologie, Maschinenbau und Bauwesen und ist nichts weniger als das sprichwörtliche Sahnehäubchen für das schwäbische Verlagsimperium.

Parallel dazu ist aus dem Tübinger Romanistik-Studenten ein Verleger-Gentleman vom Scheitel bis zur Sohle geworden. Ich durfte Herrn Narr vor mittlerweile doch auch schon einem halben Jahrzehnt persönlich als Gesellschafter von utb kennen lernen. Besonders schätzte und schätze ich an ihm seine stets engagierte und zupackende Art, wenn es darum geht, die Geschäfte voranzutreiben und neue Impulse zu setzen, auf die sonst niemand gekommen wäre. Darüber hinaus ist die uneingeschränkte Solidarität der gesamten Familie Narr gegenüber der utb-Gemeinschaft ein wichtiger und verlässlicher Pfeiler im Fundament der Kooperation.

Als Geschäftsführer der utb bleibt mir damit die ehrenvolle Aufgabe, das Glas zu heben, mich herzlich zu bedanken und „ad multos annos" zu wünschen.

Dr. Jörg Platiel
Geschäftsführer utb

Grußwort des Ortsvorstehers Hirschau

„Seit 40 Jahren erfolgreich im Geschäft". So titelte das *Schwäbische Tagblatt* im Jahr 2009 mit einer Gratulation an den Wissenschaftsverleger Gunter Narr, der im selben Jahr auch seinen 70. Geburtstag feiern durfte. Nun sind weitere zehn Jahre vergangen. Jahre, in denen sich nochmals richtungsweisende Veränderungen ergeben haben, für eine positive Zukunft des seit nunmehr 35 Jahren in Hirschau ansässigen Wissenschaftsverlags mit starker Bindung zur Tübinger Eberhard Karls-Universität.

Seit Gründung des Gunter Narr Verlags, der dann stetig mit weiteren Verlagen wuchs und Anfang dieses Jahres als jüngsten Schritt dem Verleger Hubert Klöpfer ein Weitermachen ermöglichte, hat sich auch die Medienlandschaft in einem nahezu unvorstellbaren Ausmaß verändert. Die Digitalisierung schreitet unaufhaltsam voran. Sohn Robert Narr, der vor vier Jahren in den Verlag eingestiegen ist, widmet sich dieser Entwicklung und sorgt dafür, dass der Verlag in dieser neuen, digitalen Medienlandschaft Schritt hält. Und zum Glück: Auch heute arbeiten Studenten noch sehr stark mit dem Buch, wollen das Medium in der Hand halten, um ausgiebig darin zu studieren.

Hirschau ist stolz auf dieses lang ansässige und in vielen verschiedenen sprachwissenschaftlichen Bereichen gut aufgestellte Unternehmen, das sich wohl auch baulich am Standort erweitern möchte und dazu zum Glück bei der Ansiedlung im Tübinger Teilort die erforderlichen Flächenreserven gesichert hat.

Obwohl sich die geschäftlichen Beziehungen der Narr-Gruppe rund um den Erdball bewegen, bekennt sich die Verlegerfamilie Narr zu ihrem Standort Hirschau und bietet hier moderne und zukunftssichere Arbeitsplätze, was wir natürlich dankbar und mit großer Freude vernehmen.

Herzlichen Glückwunsch dem Unternehmen für dieses 50-jährige Jubiläum und dem Verlagsgründer Gunter Narr zum 80-jährigen Geburtstag alles erdenklich Gute!

Ulrich Latus
Ortsvorsteher

STUTTGARTER VERLEGERUNDE
SVR 2019

Stuttgart-Bad Cannstatt, den 16. August 2019

Lieber Herr Narr,

zu Ihrem 80. Geburtstag und dem 50-jährigen Bestehen des Narr Verlages gehört auch Ihre 35-jährige Mitgliedschaft zu der Stuttgarter Verlegerrunde, in deren Namen ich Ihnen gratuliere und herzliche Glückwünsche sende!

Im Jahr 1984 wurden Sie nach einer persönlichen Vorstellung von Herrn Harsch-Niemeyer, den Gepflogenheiten folgend durch eine Ballotage, einstimmig in die SVR aufgenommen.

1988 und 2004 waren Sie ihr Vorsitzender. Bis heute profitiert unsere Gemeinschaft von Ihrer klaren Präsenz, Erfahrung und Meinungsfreude. Für die brennenden Themen unserer Branche haben Sie sich immer engagiert eingesetzt. Ein durchgehendes Thema war und ist Ihr Einsatz für den Schutz der Urheberrechte; zunächst notwendig geworden durch das Aufkommen der Fotokopierer – und heute so wichtig im Zeichen des digitalen Wandels, der allzu oft mit einem grundlegenden Wandel der Urheberrechte verwechselt wird.

Die Stuttgarter Verlegerrunde wünscht Ihnen Gesundheit und Tatkraft; Ihren Unternehmen weiterhin gutes Gedeihen!

Mit herzlichen Grüßen

i.V. Eckhart Holzboog

\ Erfreuliches
Ein erster Schwung Glückwünsche

„Nur weil es dem Dank sich eignet,
Ist das Leben schätzenswert."

J. W. Goethe an Carl August
zum Neuen Jahr 1828
K. S. Guthke an Gunter Narr
zum Achtzigsten 2019

\

Ich wünsche Herrn Gunter Narr ausgezeichnete Gesundheit im kommenden Jahrzehnt und der Verlagsgruppe in den nächsten fünfzig Jahren weiterhin die wohlverdiente Anerkennung für die Veröffentlichung hervorragender wissenschaftlicher Beiträge. Im Kern meiner Erfahrung und der meiner lebenslangen Mitarbeiterin Ingrid steht die Zusammenarbeit mit dem Lektorat, dessen Bemühungen sich nicht nur auf Grammatik, Orthografie und Zeichensetzung konzentrierten. Das Ziel des Lektorats war deutlich die Bewahrung der deutschen Sprache, Klarheit des Ausdrucks und beste Lesbarkeit der Bücher.

Herzlichst
Horst S. Daemmrich

\

Sehr geehrter Herr Dr. Narr,

herzlichen Glückwunsch zu Ihrem 80. Geburtstag und dem 50-jährigen Bestehen Ihres Verlages! Dieses Doppeljubiläum ist für uns, den langjährigen Herausgeber Prof. Dr. Theodore Fiedler, meine Mitherausgeberin Prof. Dr. Linda Worley und mich, von besonderer Bedeutung, da die von uns geleitete und in Ihrem Verlag erscheinende germanistische Fachzeitschrift *Colloquia Germanica* mit dem kommenden Jahrgang ebenfalls die Fünfzig erreichen wird. Eine lange Zusammenarbeit also, die dank der

Initiative Ihres Lektorats, insbesondere Herrn Tillmann Bubs, einer produktiven und erfolgreichen Zukunft entgegenblickt. Wir übersenden Ihnen aus Lexington, Kentucky, unsere besten Wünsche für Ihren nächsten Lebensabschnitt und die Zukunft der von Ihnen gegründeten Verlagsgruppe.

Prof. Dr. Harald Höbusch
Prof. Dr. Linda Worley
Prof. Dr. Theodore Fiedler

\

Lieber Herr Narr,

es sind schon mehr als ein Dutzend Jahre vergangen, seit wir erste kleinere Aufgaben im Umfeld Ihres Messeauftritts in Frankfurt gestalten durften.

Seither ist manches geschehen. Ein neues Corporate Design, die Integration von und Kooperation mit anderen Verlagen, Buchreihen, Buchtitel – all das wollte gestaltet werden.

Dabei haben wir Sie als einen Menschen kennengelernt, für den stromlinienförmiges Einerlei keine Option war und ist. Immer haben Sie dem Mut zur eigenständigen, unverwechselbaren Form den Vorrang gegeben.

Zu Ihrem und dem Verlagsjubiläum gratulieren und grüßen wir Sie mit den allerbesten Wünschen für die Zukunft.

Bernd Rudek, Barbara Schmid
& das Bernd Rudek Design Team

\

Herr Narr ist ein Gentleman vom Scheitel bis zu Sohle: elegant, gebildet, verbindlich. Der kleine Verlag ist ganz groß in der persönlichen und kompetenten Betreuung von Projekten durch die engagierten Mitarbeiter und Mitarbeiterinnen. Das akademische Profil und der Marketing-Auftritt haben sich weiterentwickelt und sind sehr attraktiv.

Prof. Dr. Michael Meyer (Koblenz)

\

Die Giessener Beiträge zur Fremdsprachendidaktik
Glückwunsch und Dank

Seit 1984 gibt der Verlag die von Lothar Bredella, Herbert Christ und Eberhard Piepho gegründete, inzwischen über zweihundert Bände zählende Reihe *Giessener Beiträge zur Fremdsprachendidaktik* heraus. Mit der Reihe bietet der Verlag der Fremdsprachendidaktik ein Forum, die Breite der Disziplin, ihre Lebendigkeit und wissenschaftliche Relevanz zu präsentieren und damit dem Fachdiskurs zugänglich zu machen. Die Qualität der Bücher ist ohne Frage ein Markenzeichen des Verlages. Für viele Nachwuchswissenschaftler*innen hat die Veröffentlichung ihrer Studien in der Reihe den Einstieg in eine universitäre Berufslaufbahn geebnet. Wir gratulieren zum Jubiläum, danken für die professionelle Unterstützung und wünschen alles Gute für die Zukunft.

Michael K. Legutke (für das Herausgeberteam)

\

Mit dem Narr Verlag bin ich als Autorin seit 30 Jahren verbunden. Mein erstes Buch wurde dort in der renommierten utb-Reihe publiziert. Der Narr Verlag brachte mir als junger Wissenschaftlerin das notwendige Vertrauen dafür entgegen. Es folgten weitere Werke, von denen einige schon lange Standardwerke in hohen Auflagen sind. Die Zusammenarbeit in den ersten Jahren war von einer ausnehmenden Herzlichkeit und persönlichen

Arbeitsbeziehung geprägt. Unvergessen die freundlichen Briefe von Herrn Narr, die inspirierenden Arbeitsessen und die wunderbaren Kartengrüße mit selbst gemachten Plätzchen usw. der Verlagsmitarbeiter_innen zu Feiertagen. Von keinem anderen Verlag habe ich ein solches Engagement erlebt. Herrn Narr sende ich daher meine herzlichsten Glückwünsche zu seinem Geburtstag. Alles Gute!

Prof. Dr. Monika Schwarz-Friesel (Berlin)

\

Lieber Gunter,

ich gratuliere dir heute aufrichtig und respektvoll zu einem halben Jahrhundert Verlegersein, Unternehmertum und Büchermachen. Zu Ausdauer und Inspiration.

Unter den vielen Weggefährten, die sich hier zusammenfinden, gehe ich erst ein kurzes Stück mit dir und schätze dich für deinen ungebrochenen Willen. Unter den vielen Menschen, die dich zu 80 Lebensjahren beglückwünschen, begleite ich dich erst kurz und bin dankbar deine Erfahrungen zu teilen. Und unter den vielen Partnern, die dich für 50 Verlagsjahre ehren, kann ich nur erahnen, wie viele Spuren du hinterlässt.

So lasse ich gerne mehr Weißraum für alle, die dich länger kennen, weiter begleitet und mehr Kraft und Weitsicht mit dir genossen haben. Bin dir zugleich aber zutiefst dankbar für die Erfahrung, die du vorlebst: Das Geheimnis des Könnens liegt im Wollen. – Giuseppe Mazzini

Lieber Gunter, bleib so wacker und adrett und liebenswürdig. Ich freue mich, zu deinem Jubiläumsjahr ein wenig Konfetti werfen zu dürfen …

Alles erdenklich Gute für deine und eure Zukunft!

Lukas Wehner (CPI books, Bamberg)

\

Allen Mitgliedern des Narr Verlags
herzlichen Glückwunsch zum 50jährigen Jubiläum

und Dir, lieber Gunter,
alles Gute und die besten Wünsche zum 80. Geburtstag.

Prof. Dr. Günter Holtus (Lohra / Göttingen)

\ Erhellendes
Interdisziplinäre Narr-Studien

52 Bücher aus 50 Jahren

Was wäre ein Verlag ohne seine Bücher? Ihre Titel und Umschläge sind ein Stück vielfach noch lebendiger Geschichte (lang lebe die Backlist!). Zwar soll man kein Buch nach dem Cover beurteilen – aber die Marketing-Abteilung weiß, dass es trotzdem geschieht. Wir haben die schönsten, wichtigsten, bemerkenswertesten Titel aus 50 Jahren Verlagsgeschichte ausgewählt und lassen sie Revue passieren: in unserer Festschrift und in unserem Verlagshaus. Stolz präsentieren wir unsere Bücher des Jahres, um unsere Besucher/innen zu beeindrucken, unsere Autor/innen zu motivieren und uns täglich daran zu erinnern, warum jedes Buch unsere volle Aufmerksamkeit, Hingabe und Geduld verdient – womöglich halte ich gerade Satzlauf 5 zum Buch des Jahres 2020 in den Händen!

So vieles lässt sich an dieser Reihe von Büchern ablesen: Sie spiegeln Forschungsschwerpunkte und die entsprechende Entwicklung des Verlagsprogramms, den Wandel der Buchausstattung von gediegenem Leinen zu kaschierter Pappe, die wechselnden Verlagslogos und das, was Grafiker im Lauf der Jahrzehnte jeweils für das schickste Design hielten.

Nicht zuletzt spiegeln sie die Verlagsgeschichte. In den ersten zehn Jahren war der Verleger mangels weiterer Mitarbeiter praktisch allein stimmberechtigt, die Auswahl lässt gewisse Vorlieben erkennen. Für 2018 mussten wir einfach zwei Bücher auswählen, denn was wir in diesem Jahr bewältigt haben, hätte locker auch für zwei gereicht.

Ad multos libros!

1969
Georg von der Gabelentz
Die Sprachwissenschaft

Der gewichtige Grundstein der Tübinger Beiträge zur Linguistik, Artikelnummer 10001. Was sonst könnte die Liste anführen? Tatsächlich gar nichts, es war das einzige 1969 erschienene Buch im „TBL Verlag".

Gunter Narr

Tübinger Beiträge zur Linguistik

Von Grauer Literatur zum Fundament eines Wissenschaftsverlags

Am Anfang stand bekanntlich der pure Pragmatismus: Wenn der Meister selbst keine Bücher schreibt, muss eben sein gesprochenes Wort in Buchform Verbreitung finden.

Eugenio Coseriu, einer meiner Hauptlehrer, war 1963 nach Tübingen gekommen. Mit seinen innovativen Ansätzen bildete er den Mittelpunkt der modernen Sprachwissenschaft. Um unseren exklusiven Platz in seinen Vorlesungen beneidete uns die Fachwelt, denn Coserius Vorträge waren nicht nur stets erhellend, sondern auch nahezu die einzige Möglichkeit, etwas über „Transformationelle Linguistik" und „Strukturalismus" zu lernen. Bis dahin waren diese Themen noch nicht unterrichtet, geschweige denn umfassend publiziert worden, und so fanden sich unter Coserius Hörern nicht nur Studierende, sondern auch Professoren, die sich mit den neuesten Entwicklungen der Sprachwissenschaft vertraut machen wollten. Von der Übertragung per Internet aus dem Hörsaal live in alle Welt konnte man in den 60er-Jahren noch nicht einmal träumen. Folglich musste buchstäblich draußen bleiben, wer den Weg nach Tübingen nicht fand.

Unter diesen Umständen waren unsere Vorlesungsmitschriften von erheblichem wissenschaftlichem Wert, viel zu schade, um in den Regalen eines Studierzimmers zu vergilben. Gemeinsam mit Rudolf Windisch machte ich mich also daran, unsere Mitschriften zu zwei Vorlesungen von Eugenio Coseriu ins Reine zu bringen und in Absprache mit Coseriu als autorisierte Nachschriften zu veröffentlichen. Unsere mit einigem Fleiß hergestellten Schreibmaschinentyposkripte übergaben wir 1969 einer Druckerei und erhielten Hefte im handlichen DIN-A5-Format zurück, die wir zu einem Preis von 5 bis 7 DM verkauften: *Einführung in die Transformationelle Grammatik* und *Einführung in die Strukturelle Linguistik*.

E. COSERIU

Einführung in die Transformationelle Grammatik

Vorlesung gehalten im Sommer-Semester 1968 an der Universität Tübingen

Autorisierte Nachschrift besorgt von: Gunter Narr und Rudolf Windisch

E. COSERIU

Einführung in die Strukturelle Linguistik

Vorlesung gehalten im Winter-Semester 1967/68 an der Universität Tübingen

Autorisierte Nachschrift besorgt von: Gunter Narr und Rudolf Windisch

Tübingen 1969

-9o-

der zusammengesetzten Laute, z.B. ts, dz; tš, dž (hier nach lautphysiologischen Vorstellungen jeweils zwei Laute): Nach G. von der GABELENTZ sei es wichtig, den Gesichtspunkt des Sprechers selbst aufzunehmen, d.h. sich zu fragen, ob es sich für den Sprecher dieser Sprache um einen einzigen Laut (bzw. Lautvorstellung oder "Phonem") handelt, oder ob diese Einheiten mehreren Lauten entsprechen würden.
Diese Fragestellung entspricht der sogenannten vierten Regel von N. S. TRUBETZKOJ. Diese Regel bezieht sich auf die Frage, ob solche Einheiten, monophonematische oder biphonematische Laute, auch materiell dort vorkommen können, wo sonst nur einfache Laute vorkommen können, z.B. im Anlaut. Wenn eine Sprache im Anlaut generell nur d,z kennt, dann müssen auch im Anlaut vorkommende dž, tš als monophonematisch betrachtet werden.

1o 7   Georg von der GABELENTZ.

1o 71   Folgende drei Punkte hatte G. von der GABELENTZ ausdrücklich formuliert:

1o 711   Die Unterscheidung : Sprache - Rede
1o 712   Die Unterscheidung : Synchronie - Diachronie
1o 713   Die Abgrenzung eines Sprachsystems innerhalb einer historischen Sprache.

zu 1o 711   Die Unterscheidung: Sprache - Rede.
G. von der GABELENTZ sieht "Sprache" (cf. F. de SAUSSURE "langage") unter folgenden Aspekten:
1. "Sprache" als konkretes Sprechen wird "Rede" genannt (cf. F. de SAUSSURE:"parole"). Die "Rede" wird als freie, okkasionelle Tätigkeit angesehen, die nur durch Gewohnheit und Veranlagung eingeschränkt ist.

2. Die einheitliche Gesamtheit solcher Ausdrucksmittel, als "Sprache eines Volkes", "Sprache eines Schriftstellers", stellt die "Einzelsprache" (cf. F. de SAUSSURE:"langue") dar. Die "Einzelsprache" wird als erzeugte Kraft der Rede, als vorhandener "Apparat von Stoffen und Formen" angesehen. Dieser "Einzelsprache" entspricht die "Technik der Rede".

3. Die "Sprachfähigkeit", als Gemeingut des Menschen, bezeichnet er als "Sprachvermögen" (cf. F. de SAUSSURE:"faculté du langage").

-91-

Nach G. von der GABELENTZ gibt es drei Arten der Sprachwissenschaft, die sich auf einen der drei Aspekte der "Sprache" beziehen:

Der 1. Gegenstand: = Rede, als Gegenstand einer besonderen Sprachwissenschaft, der deskriptiven Sprachwissenschaft. Die Erklärung der Rede geschieht jeweils in der "Einzelsprache"; es handelt sich um die "einzelsprachliche" Forschung.

Der 2. Gegenstand: = Einzelsprache, es handelt sich um die Sprachgeschichte, bzw. um die genealogisch-historische Sprachwissenschaft, die die Einzelsprache zu erklären versucht.

Der 3. Gegenstand: = Sprachvermögen, dies betrifft die "Allgemeine Sprachwissenschaft".

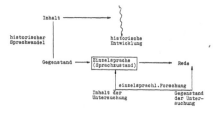

zu 1o 712   Die Unterscheidung Synchronie - Diachronie.
Diese Unterscheidung ist eine Folge der Untersuchung von "Einzelsprache" und "Rede".
Die Argumente für diese Unterscheidung sind folgende:
1. Die deskriptive Sprachwissenschaft entspricht dem Gesichtspunkt des Sprechers, er kennt nur die Dimensionen der Synchronie.
2. Die deskriptive "Wahrheit" entspricht nicht der historischen "Wahrheit"; historische "Identitäten" sind nicht auch deskriptive. Z.B. dt. daß entwickelte sich zwar aus das, wird

Wie alles begann: Die Cover der ersten beiden Hefte und ein „Blick ins Buch" aus der *Transformationellen Grammatik*.

Von einer Buchreihe oder gar einem Verlag war damals noch keine Rede, stattdessen sorgten wir als Autoren / Herausgeber / Lektoren / Setzer nach Drucklegung auch noch selbst für Vertrieb und Verkauf von mehreren Tausend Exemplaren. Unsere Zielgruppe an den Hochschulen erreichten wir mithilfe der AStAs: Wir schrieben die einzelnen Hochschulen an und schickten dann die Hefte paketeweise durchs Land, um sie durch den AStA verkaufen zu lassen.

Damit erregten wir viel Aufsehen bei den Studenten, in der Professorenschaft und schließlich auch bei Verlegern, die bei Coseriu anklopften und ihn zu überreden versuchten, aus den Überraschungserfolgen doch „richtige Bücher" zu machen. Die Sache wurde also groß und größer. Wir hatten offensichtlich den richtigen Riecher gehabt, nun galt es, sich den Erfolg nicht aus der Hand nehmen zu lassen. Um die Rechte an den Skripten zu sichern und um weitere Publikationen voranzutreiben, habe ich 1969 den Verlag gegründet. Nicht zuletzt bekam ich dadurch auch eine ISBN, so dass meine Publikationen den Sprung von „grauer Literatur" in den Buchhandel schafften. Zu dieser Zeit hatte ich allerdings auch eine Anstellung als Fachbereichssekretär an der Universität Tübingen übernommen, die von einer nebenberuflichen Unternehmensgründung eines ihrer Angestellten wenig begeistert war. Um die Genehmigung dafür zu bekommen, musste ich mir etwas einfallen lassen und gründete den Verlag als Herausgeber einer linguistischen Buchreihe: den *Tübinger Beiträgen zur Linguistik* (TBL). Für dieses seriöse akademische Engagement stellte das Ministerium die offizielle Nebentätigkeitsgenehmigung aus, und so wurde mit dem Verlag auch gleich die Reihe geboren, die ihm anfangs auch seinen Namen und sein Gesicht gab: „TBL Verlag" mit dem rautenförmigen Reihenlogo, bei dem ich mich als Autoliebhaber von meinem Borgward inspirieren ließ und es an die schlichte Eleganz des Borgward-Logos anlehnte. Solide gebaut, gehobene Ausstattung und vor allem schnell – mit diesen Eigenschaften eines Borgward durften sich die TBL gern schmücken. Der Autobauer war übrigens 1961 bereits in Konkurs gegangen – glücklicherweise kein schlechtes Omen für die TBL und ihren „Herausgeber".

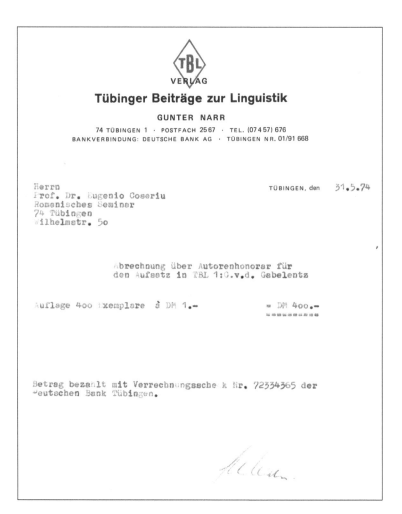

Ordnung muss sein: Die Abrechnung beweist die Redlichkeit des Verlegers und den anhaltenden Erfolg von TBL 1 ebenso wie die Existenz eines „TBL Verlags".

Exkurs

Ein Verlag, viele Namen. Solange das Verlegen genehmigungspflichtige Nebentätigkeit war, blieb es bei dem Namen „TBL Verlag", auch als längst weitere Reihen das Verlagsprogramm ergänzten. Allerdings trat der Verleger immer öfter auch mit eigenem Namen in Erscheinung, vorerst noch in Verbindung mit der erfolgreichen „Hausmarke": Das im ersten Gesamtverzeichnis 1976 gelistete Programm gehörte dem „TBL Verlag Gunter Narr". Der Verlagsname war vor allem in den Anfängen Gegenstand der Kreativität von Bibliotheken und Rezensenten. Die Anzeige von TBL

5 in der *Zeitschrift für Dialektologie und Linguistik* 38/2 (1971), S. 255 lautet „Tübingen: [Selbstverlag]" – eine Unverschämtheit! Den Fauxpas bügelte man immerhin an gleicher Stelle (S. 251) mit der korrekten Anzeige von TBL 10 im „Verlag Tübinger Beiträge zur Linguistik" wieder aus. Die Rezension von TBL 1 in der *Zeitschrift für Dialektologie und Linguistik* 40 (1973) nennt statt des Verlags lieber die Druckerei: „Tübingen 1969: Vogt Stuttgart." Das könnte darauf zurückzuführen sein, dass der Name des Verlags tatsächlich gar nicht im Buche steht ... Es braucht eben seine Zeit, um sich einen Namen zu machen. In den folgenden Jahrzehnten lässt sich das weitere Schicksal des Verlags am Namen ablesen – ein Prinzip, das wir nicht fortsetzen werden, wir wären inzwischen bei „Narr Francke Attempto UVK expert" angelangt.

Der erste TBL-Band war kein Werk Coserius, entstand aber durch seine Anregung: Eugenio Coseriu war es, der darauf hinwies, dass die moderne Sprachwissenschaft nicht erst mit Ferdinand de Saussure begann, sondern mit Georg von der Gabelentz (1840–1893). Dessen Hauptwerk *Die Sprachwissenschaft. Ihre Aufgaben, Methoden und bisherigen Ergebnisse*, zuerst 1891 erschienen, war nicht lieferbar, so dass ich mich zu einer Neuauflage dieses Werkes entschloss und es zusammen mit Coserius Aufsatz „Georg von der Gabelentz et la linguistique synchronique" nachdruckte. So starteten die TBL 1969 standesgemäß mit einem historischen Grundlagenwerk, dessen Bedeutung für aktuelle Debatten der führende moderne Sprachwissenschaftler erläuterte.

Dieses Konzept hatte natürlich gute inhaltliche Gründe, sicherte dem Band und damit den TBL aber auch viel mehr Aufmerksamkeit, als es der bloße, wenn auch noch so verdienstvolle Nachdruck des Originals je gekonnt hätte. Bald erschienen erste Rezensionen, die sich mit Coserius Thesen zu Saussure und Gabelentz auseinandersetzten. Mit Erich Koerner lieferten wir uns sogar einen öffentlichen Schlagabtausch als Reaktion auf seine in *Lingua* 28 (1971) erschienene Rezension. Die Herausgeber der Zeitschrift druckten unsere Replik in *Lingua* 30 (1972), nicht ohne Koerner Gelegenheit zu geben, seinerseits nochmals zu reagieren. Er ließ sich dann auch zu einer Antwort herab, wenngleich er bezweifelte, „whether the pettiness of the points raised [...] deserves a public reply" (ebd. S. 463). Wie er selbst zugab, hätte er sich über einen „(probably more pertinent)

1970
Adam Smith
A Dissertation on the Origin of Languages or Considerations Concerning the First Formation of Languages and the Different Genius of Original and Compounded Languages.

Der Titel von TBL 3 in seiner ganzen altmodischen Schönheit.

rejoinder" von Coseriu selbst mehr gefreut, obwohl er augenscheinlich nicht zu dessen Verehrern gerechnet werden wollte. Der Tonfall ist umso bemerkenswerter, als Koerner, ebenfalls Jahrgang 1939 und heute international renommierter Professor für historische Sprachwissenschaft, damals gerade einmal seine eigene Dissertation abgeschlossen hatte.

Immerhin hatte Koerner sich in seiner Rezension wohlwollend über unsere Pläne zu weiteren Nachdrucken von Smith, Schlegel und Bredsdorff geäußert. Die Veröffentlichung vergessener oder vernachlässigter Grundlagen der modernen Linguistik blieb einer der Schwerpunkte der TBL. Der berühmte Ökonom Adam Smith (1723–1790) hatte einen Aufsatz mit dem vielversprechenden Titel *Dissertation on the Origin of Languages* verfasst, der nicht greifbar war. Das ergab dann Band 3 der TBL-Reihe. Dieses Buch erreichte sofort die höchste Aufmerksamkeit in der wissenschaftlichen linguistischen Welt, ebenso wie Band 7, ein Nachdruck von August Wilhelm Schlegel: *Observation sur le Langue et la Littérature Provençals*. Mit großem Stolz konnte ich eine kurze, aber wichtige Anzeige in *The Romantic Movement: A Selective and Critical Bibliography for the year 1972* dokumentieren. Schlegels Buch lag mir besonders am Herzen, weil wir mit Coseriu alle romanischen Sprachen behandelten und der Frage nachgingen, wann die jeweilige Ausgliederung der verschiedenen romanischen Sprachen aus dem Lateinischen erfolgt war.

> Narr, Gunter, ed. *August Wilhelm Schlegel: Observations sur la Langue et la Littérature Provençales.* (Tübinger Beiträge zur Linguistik, 7.) Tübingen: 1971. Pp. xiv + 122.
> Narr calls attention to Schlegel's role as mediator between François Raynouard and Friedrich Diez through this work of 1818, which corrected Raynouard's thesis that romance languages derive from Provençal.
>
> The enclosed listing and/or review has been published in "The Romantic Movement: A Selective and Critical Bibliography for the year 1972," as a Supplement to the September 1973 issue of ENGLISH LANGUAGE NOTES (Volume 11, Number 1) edited by the joint bibliography committee for groups General Topics II and English IX of the Modern Language Association of America.
>
> To ensure notice in the next annual issue of the bibliography, authors and publishers are invited to send review copies of relevant books or monographs, and offprints of articles, to: David V. Erdman, Crane Neck Point, Setauket, New York 11733.

Eine Anzeige zu TBL 7, 1973. Papier und Klebstoff auf Schmierzettel.

So fanden sich in den wissenschaftshistorisch relevanten Titeln der TBL auch immer wieder Bindeglieder zu neuen oder nach wie vor aktuellen Themen, die regelmäßig im „Tübinger Linguistenkreis" diskutiert wurden. Einmal im Monat versammelten sich dort die Tübinger Sprachwissenschaftler und häufig auch Gäste von anderen Hochschulen, besonders aus Stuttgart und Freiburg, manchmal sogar aus Frankfurt, um ohne den formellen Rahmen von Kongressen oder Zeitschriftenbeiträgen in unmittelbaren Austausch zu treten. Ich hatte das seltene Glück, von wichtigen Kontroversen und neuen Themen aus erster Hand zu erfahren, sobald sie aufkamen, und nicht erst, wenn das Ergebnis der Diskussionen feststand (und woanders publiziert werden sollte). Aus dieser fruchtbringenden Atmosphäre gingen bald die ersten Dissertationen hervor, die in schneller Folge in den TBL erschienen und das Gegengewicht zu den historischen Beiträgen bildeten: etwa von Hans-Martin Gauger (TBL 9), Jörn Albrecht (TBL 10) und Karl Peter Linder (TBL 12). Die Sprachwissenschaft entwickelte sich rasant, und die Wissenschaftler wollten sich durch die damals meist sehr langwierige, unflexible Buchproduktion nicht ausbremsen lassen. Ich konnte die Produktionszeit von oft mehr als anderthalb Jahren auf wenige Monate reduzieren und mit der höchst lebendigen Reihe meinen Kommilitonen, aber auch der Professorenschaft einen attraktiven Publikationsort bieten.

Eine weitere Säule der TBL blieben dann auch die Publikationen Coserius und anderer Tübinger Professoren. Als TBL 2 erschienen 12 Aufsätze von Coseriu, in denen die ganze Breite seines Denkens und Forschens repräsentiert war: vom „romanischen Futur" bis zu „Das Phänomen der Sprache und das Daseinsverständnis des heutigen Menschen". Auch die Veröffentlichung der Mitschriften zu Coserius Vorlesungen setzten wir fort: Zwei Bände der *Geschichte der Sprachphilosophie von der Antike bis zur Gegenwart* erschienen als TBL 11 und 28. Der emeritierte Tübinger Romanist Ernst Gamillscheg nutzte die Gelegenheit, kurz vor seinem Tod seine Habilitationsschrift *Studien zur Vorgeschichte einer romanischen Tempuslehre* als TBL 8 nochmals zu veröffentlichen. Die Aufsatzsammlung seines Tübinger Kollegen Mario Wandruszka *Wörter und Wortfelder* (TBL 6) fand bei dem Rezensenten der *Zeitschrift für Phonetik, Sprachwissenschaft und Kommunikationsforschung* ein hymnisches Echo, aus dem sich

Heinr. Koch

GROSSBUCHBINDEREI
TÜBINGEN
CHRISTOPHSTRASSE 30-32

Bitte neue Rufnummern beachten 32325 u. 31879

Herrn

Tübingen, 15. Januar 1973
RD/Ha 1

Günter Narr

7407 Rottenburg 3
Weingartenstrasse 28

Sehr geehrter Herr Narr,

wir nehmen Bezug auf Ihren Besuch am 11.1.1973 und möchten Ihnen folgendes

E I N B A N D - A N G E B O T

unterbreiten:

Titel:	. . . .
Format:	DIN A 5 beschnitten
Umfang:	72/2,7/8 Bogen
Ausstattung:	G a n z l e i n e n
	Gewebe: Standardleinen
	Pappe: M G P
	Pressung: VS+R 1 x weiss Farbfolie
	Buchblock: Expl. werden zusammengetragen
	angeliefert. Titel- und Schlußbogen,
	sowie 2/8 Blätter entfernen, Titel
	und Schlußbogen wieder anlegen,
	Klebebindung, Kapitalband, runder
	Rücken, überklebt.
	Einband: ohne Schutzumschlag, 3 stückweise
	einschlagen
Druckauflage:+	
Bindequote:	5000 Expl.
Bindepreis:	DM 1.98
Bedingungen:	pro Expl. + 11 % MWST, bei Anlieferung der
	Rohbogen, frei Tübingen, bei Zahlung innerhalb
	von 14 Tagen 2 % Skonto oder 30 Tage netto, im
	übrigen gelten beiliegende Geschäfts- und Liefer-
	bedingungen.

Mit freundlicher Begrüßung

H E I N R. K O C H K G

Anlage

FERNRUF 32325 UND 4925 · DEUTSCHE BANK AG TÜBINGEN 01/15378 · POSTSCHECK STUTTGART 11470

Das waren noch Zeiten: Angebote kamen auf geprägtem Papier unter Angabe des Fernrufs. Glanzleinen! Und: Mehrwertsteuer 11 Prozent!

auch Schlüsse auf das Niveau der Sprachwissenschaft in Tübingen ebenso wie auf das Verdienst der TBL als Publikationsorgan ihrer Erkenntnisse ziehen lassen: „Wenn die Artikel inhaltsreich und wichtig für die weitere Erkenntnis der angesprochenen Probleme sind, dann ist eine solche Zusammenfassung immer von Nutzen. Dies trifft für die Aufsätze von Wandruszka vollauf zu. Jeder einzelne Aufsatz ist gehaltreich, von einer sonst seltenen Detailliertheit und auch problemvoll gestaltet" (31 [1978], S. 431 f.).

Der Start der TBL konnte sich also sehen lassen: In den ersten zwei Jahren erschienen über 20 Bände, viele davon erlebten bald eine 2. Auflage. Inzwischen sind die Bände 570–573 in Planung. Der TBL-Band 508 kam noch einmal von Coseriu: die 2. Auflage seiner erstmals 1990 erschienenen *Sprachkompetenz*. Seine *Geschichte der Sprachphilosophie* erlebte 2015 eine 3. Auflage und ist inzwischen auch als eBook erhältlich. Vom gesprochenen Wort über die Handschrift, die Schreibmaschine und den Computersatz zum digitalen Produkt für den eReader – in diesem Beispiel findet sich die Geschichte eines Buches, einer Buchreihe, eines Wissenschaftsverlags in einem Satz.

Prof. Dr. Martin Vialon,
Yeditepe University Istanbul / Carl von Ossietzky
Universität Oldenburg

Buchkultur und Publikum –
Festgabe für Gunter Narr

Erich Auerbachs Brief vom 19. Juni 1957 an den Schweizer Verleger Carl Ludwig Lang[1]

1.

Das Jahr 2019 wird als Doppeljubiläum in die deutsche Verlagsgeschichte eingehen. Gunter Narr, der sich als studierter Romanist, Anglist und Allgemeiner Sprachwissenschaftler vom rumänischen Sprachphilosophen Eugenio Coseriu (1921–2002) in Tübingen schon früh zur Herausgabe von dessen Vorlesungen und Schriften inspiriert fühlte,[2] begeht am 27. September 2019 seinen 80. Geburtstag: Fortuna dies natalis!

2.

Wer Gunter Narr während der letzten Jahre im persönlichen Gespräch erlebte, kann sich des Eindrucks nicht erwehren, dass er seine bibliophile Vorliebe für schöne Literatur, Essayistik,

---

1 Verlag und Autor bedanken sich beim Staatsarchiv des Kantons Bern und Claude Erich Auerbach (Savannah, Georgia) für die Erteilung der Abdruckgenehmigung von Erich Auerbachs Brief und dessen faksimilierter Reproduktion. Ebenso sei speziell Valeska Lembke (Narr Francke Attempto Verlag) und Frank-Rutger Hausmann (Ihringen-Wasenweiler) für kritische Nachfragen gedankt, die zur Präzisierung meiner Darlegungen beitrugen.

2 Vgl. beispielsweise Eugenio Coseriu: *Einführung in die strukturelle Linguistik. Vorlesung gehalten im Winter-Semester 1967/68 an der Universität Tübingen. Autorisierte Nachschrift von Gunter Narr und Rudolf Windisch.* Tübingen 1968. Ders.: *Die Geschichte der Sprachphilosophie von der Antike bis zur Gegenwart (Teil 1: Von der Antike bis Leibniz).* Tübingen 1969. Ders.: *Teil 2 (Von Leibniz bis Rousseau).* Tübingen 1972. Ders.: *Einführung in die strukturelle Betrachtung des Wortschatzes.* Tübingen: Gunter Narr Verlag 1973.

enzyklopädische Bündelung des überlieferten und sich wandeln-
den Wissens oder geisteswissenschaftlich-periodische Zeitschrif-
tenkultur sowie deren wohlfeile Buchproduktion niemals ohne
schwerwiegende Gründe ad acta legen würde. Liberal-progres-
sives Festhalten an der Tradition des historisch-philologischen
Sektors gilt Narr als ein Steuerungselement seiner Verlagstätig-
keit, um den modernen Buchhandel durch die Konzentrations-
prozesse des Aktienkapitals zu navigieren. Außerdem ist das
Buch als Medium der Sprach-, Welt- und Wirklichkeitsaneignung
durch die Veränderung visueller Wahrnehmungsweisen enor-
mer Medienkonkurrenz ausgesetzt. Schon die Auftrennung des
erkenntniskritischen Axioms *cogitare videre*, die Francis Bacon
registrierend ablehnte, hatte den Geisteswissenschaften keinen
guten Dienst geleistet.[3] Giambattista Vico, von Erich Auerbach
vom Italienischen ins Deutsche übertragen, knüpfte an die
Methodik des denkenden Sehens an und hatte das Wechselver-
hältnis zwischen Philosophie und Philologie verteidigt:

> Cogitare videre. So geschieht es, daß mit Hilfe der vorhergehenden philo-
> sophischen Beweise die nachfolgenden philologischen zu gleicher Zeit
> die Autorität durch die Vernunft bestätigt finden und die Vernunft durch
> die Autorität bestätigen.[4]

Wohlbekannte Phänomene trugen dazu bei, dass der Vernunftab-
sturz als Nivellierung der Mutter-, Bildungs- und Wissenschaftssprache in deutschen Schulen und Universitäten voranschreitet.
Als geradezu buchfeindlich muss der neue „Zukunftspakt für
Hochschulen" gelten. Verwaltungsspitzen propagieren in einer
Art Klassenkampf von oben, dass die Abdeckung der Lehre in
den Geisteswissenschaften von „Lehrkräften für besondere Aufgaben" mit einem Deputat bis zu 18 Wochenstunden vorzuneh-
men sei. Solche Anstiftung mag für die praktische Erteilung von
Sprach-, Sport- oder Musikübungen sinnvoll sein. Ansonsten

---

3   Vgl. zur Kritik des instrumentellen Wissenschaftsbegriffs, der das moderne
     Denken dominiert: Francis Bacon: *Neues Organon* [1620]. Herausgegeben
     mit einer Einleitung von Wolfgang Krohn (Lateinisch/Deutsch), Teilband 1.
     Hamburg: Felix Meiner Verlag 1990, hier: S. 71, 91 und 101–105.
4   Giambattista Vico: *Die Neue Wissenschaft über die gemeinschaftliche Natur
     der Völker. Nach der Ausgabe von 1744 übersetzt und eingeleitet von Erich
     Auerbach*. München: Allgemeine Verlagsanstalt 1924, S. 142.

verführt sie zur „Sowjetisierung der Geisteswissenschaften"[5] und bewirkt die kalkulierte Unmündigkeit junger Menschen, denn Lohndumping und oberflächliche Behandlung des Primärstoffes läuft dem Telos der inneren Bildung entgegen: Studierende, die versprochene Qualitätslehre erfassen möchten, werden zu Papageien abgerichtet und ohne Vorbildfunktion alleingelassen. So besteht die Gefahr, dass staatlich geprüfter Analphabetismus als neues Studienfach sich etabliert. Der gewaltige Umschwung im Bildungsbereich dürfte gravierende Auswirkungen auch im Verlagswesen und in der Geschmacksbildung des breiten Lesepublikums nach sich ziehen.

Jedoch stellt sich unser Jubilar, der in seinem Verlag sprachbegabte Lektoren beschäftigt, diesen Entwicklungen tapfer entgegen, engagiert sich seit Frühjahr 2019 mit Klöpfer, Narr sogar in Sachen Schöner Literatur. Produktiver Gestaltungswille als Ausdruck der Treue zum kulturellen Erbe ist eine bürgerliche Tugend, die Gunter Narr, auch aus Pflichtgefühl gegenüber aufgeweckten Zeitgenossen und neugierigen Leseratten, sich zu Eigen machte. Schöngeistige Literatur und Wissenschaft bilden vernünftige Gegenpole seines verlegerischen Wirkens, gerade weil die bürgerliche Kultur sich tendenziell im Sinkflug befindet und sogar aus ihrer Mitte zu rassistisch pervertierter Kulturkritik neigt.

1971
Gunter Narr (Hrsg.)
Griechisch und
Romanisch

Diese Aufsatzsammlung sieht sich in der Tradition einer bereits 1512 in Tübingen erschienenen griechischen Sprachlehre.

5 Stefan Plaggenborg: *Die strukturelle Sowjetisierung der Geisteswissenschaften. Die gegenwärtige Struktur der Universität fördert Opportunismus und Massenware. Es ist an den Hochschulen, sich dagegen zu wehren.* In: *Frankfurter Allgemeine Zeitung* (Forschung und Lehre), Nr. 151, 3.7.2019, S. 4. Als Illuminierung der Kritik kontraproduktiver Maßnahmen sei ein weiteres Beispiel angeführt: Kürzlich sagte der Oldenburger Universitätspräsident im öffentlichen Teil einer Sitzung der Fakultät IV sinngemäß, dass es für die Gestaltung der Lehre völlig ausreiche, wenn Mitarbeiter auf LfbA-Basis die Flur- und Mensagespräche forschender Kollegen ablauschen. So befänden sie sich auf je aktuellem Forschungsstand, der in die Lehre einzubringen sei. Des Unipräsidenten kuriose Entwertung individuell erarbeiteter Forschungsinhalte bewirkte zwar seitens einiger professoraler Kollegen nachfragenden Protest, aber sie zeigt doch auch, dass die zunehmende Abdankung des Geistes – wie von Plaggenborg beschrieben – von Funktionsträgern der Spitze betrieben wird.

Eine bürgerliche Bildungskarriere par excellence weist Erich Auerbach vor, die jedoch durch den Ersten Weltkrieg, Faschismus, Vertreibung und Exil zu tiefen Lebensbrüchen führte. Aus einem jüdisch-säkularen Elternhaus stammend, dessen väterliche Spuren nach Posen zurückreichen, wurde er „am 9. November 1892 in Berlin geboren, als Sohn des Kaufmanns Hermann Auerbach und seiner Frau Rosa, geb. Block",[6] legte das Abitur im Herbst 1910 am Französischen Gymnasium in Berlin ab, studierte Jura in Freiburg, München und Heidelberg, wo er 1913 seine erste Promotion erwarb. Als Freiwilliger verbrachte Auerbach den gesamten Ersten Weltkrieg an der Westfront, wurde durch einen Fußschuss schwer verletzt, nahm Ende 1918 das Romanistikstudium bei Erhard Lommatzsch (1886–1975) in Berlin auf und wurde nach dessen Versetzung nach Greifswald von ihm mit der Studie *Zur Technik der Frührenaissancenovelle in Italien und Frankreich* (Heidelberg: Winter Verlag 1921) promoviert.

Ein Jahr später bestand Auerbach die Prüfung für das Lehramt an höheren Schulen (Französisch, Italienisch, Latein), schloss 1923 an der Berliner Staatsbibliothek seine Ausbildung zum Bibliothekar ab und habilitierte sich 1929 bei Leo Spitzer (1887–1960) mit der bahnbrechenden Studie *Dante als Dichter der irdischen Welt* (Berlin: Walter de Gruyter 1930) in Marburg. Nach der Vertreibung von seinem Lehrstuhl im Oktober 1935 und elfjährigem Exil in Istanbul (beide Male wurde er Lehrstuhlnachfolger Spitzers)[7] avancierte Auerbach mit *Mimesis* zum

---

6   Erich Auerbach: *Lebenslauf* (1929). In: *Erich Auerbachs Briefe an Martin Hellweg (1939-1950). Edition und historisch-philologischer Kommentar.* Herausgegeben von Martin Vialon. Tübingen, Basel: Francke Verlag 1997, S. 34. Vgl. zu Auerbachs jüdischem Hintergrund: Martin Treml: *Auerbachs imaginäre jüdische Orte.* In: Karlheinz Barck / ders.: *Erich Auerbach. Geschichte und Aktualität eines europäischen Philologen.* Berlin: Kulturverlag Kadmos 2007, S. 230–251 und Martin Vialon: *Erich Auerbachs verborgenes Judentum und sein Istanbuler Nachruf auf den Orientalisten Karl Süßheim.* In: *Kalonymos. Beiträge zur deutschjüdischen Geschichte aus dem Salomon Ludwig Steinheim-Institut an der Universität Essen-Duisburg,* Heft 2, 18. Jg. 2015, S. 3–9 (Übersetzung ins Hebräische: Avihu Zakai. In: *Haaretz.* Literary Supplement, 26.03.2016, S. 1).

7   Vgl. zu den Abläufen von Spitzers und Auerbachs Zwangsentlassungen und den kulturellen Bedingungen im türkischen Exil: Frank-Rutger Hausmann: *„Vom Strudel der Ereignisse verschlungen". Deutsche Romanistik im „Dritten Reich".* Frankfurt: Vittorio Klostermann 2000, S. 223–268 u. S. 296–315.

Hausautor des Francke Verlages und setzte seine Karriere in den USA am Pennsylvania State College (1948) und in Princeton (1949) fort. 1950 wurde er an die Yale University berufen und verstarb am 13. Oktober 1957 in Wallingford (Conn.).

Bedingt durch tiefe Lebenskrisenerfahrungen war Auerbach schon früh für gesellschaftliche Umbrüche sensibilisiert und hatte seiner Zeit harte Wahrheiten gesagt, ohne mit ihr zu brechen oder sich methodologischen und gesellschaftlichen Problemen zu entziehen: Er setzte in seiner letzten Schrift, die in Deutschland – vor dem Exil – unter dem Titel *Das französische Publikum des 17. Jahrhunderts* (München: Hueber 1933) erschien, völlig neue Akzente durch die literatursoziologische Untersuchung der früh-bürgerlichen Trägergestalten von Molières Theaterstücken. Es war Auerbachs einziger Habilitand Werner Krauss (1900–1976), der den Funktionswandel von Adel und Bürgertum als sich er-gänzende und zugleich verneinende Klassen identifizierte und für die Herausbildung des Persönlichkeitsideals der *honnêteté* als Telos des neuen Publikums bestätigte:

> Bei Auerbach ist die neue Gesellschaft Ergebnis einer doppelten Nega-tion, der Brechung der Adelsgewalt und der Klassenflucht des mächtig gewordenen Bürgertums. [...]. Diese neue Gesellschaft verdankt ihr Entstehen der Aufhebung der beiden sie integrierenden Stände, Adel und Bürgertum, die in dem Bündnis von *cour* und *ville* eine neue Einheit schlossen. Aber in dieser neuen Einheit zeigt uns Auerbach [...] nicht die Aufhebung, sondern die Vernichtung der ihr zugrundeliegenden Bestandteile: des Adels und des Bürgertums, weil er nicht in der neu geknüpften *Beziehung zum Ganzen*, sondern allein in dem Verfall ihrer ständischen Sonderverfassung das Motiv ihres Zusammenschlusses er-blickt.[8]

Unter ebenso publikumssoziologischer Perspektive diagnostizier-te Auerbach 1933, dass das „lesende Jahrhundert immer mehr

---

8 Werner Krauss: *Über die Träger der klassischen Gesinnung im 17. Jahrhundert* [1934]. In: Ders.: *Die Innenseite der Weltgeschichte*. Ausgewählte Essays über Sprache und Literatur. Herausgegeben und mit einem Vorwort von Helga Bergmann. Leipzig: Verlag Philipp Reclam jun. 1983, S. 83–96, hier: S. 87 f.

ein schauendes und hörendes wird."[9] Angesichts des doppelten Traditionsbruchs – filmische Wirkmächtigkeit als figurale Veränderung der Wahrnehmung bei gleichzeitigem Faschismus als ideologisch-manipulativem Faktor – erkannte Auerbach die Spannungen, die zwischen der wirtschaftlichen und immateriellen Seite des Schriftsteller- und Verlegerberufs als Güterproduzenten und dem Publikum als einer disparaten Klasse verschiedener Lesertypen bestehen. Am Beispiel des „Lichtspiels"[10] warnte er vor dem Absturz literarisch gebildeter Schichten in kulturellbildhafte Vereinseitigung und politische Gleichschaltung. Nicht nur die untersuchte realistische Bedeutung stilmischender Romane Stendhals und Balzacs, sondern auch deren Aufnahme beim Lesepublikum deuten auf die Diskrepanz zwischen innerem Ideal und alltäglicher Wirklichkeit hin und verweisen auf das Nützlichkeitsverhältnis, welches Autor und Verleger vom Absatz der Ware Buch erwarten. Nachdem das Mäzenatentum feudalistischer Provenienz die Entfaltung der schaffenden Intelligenz ermöglichte und der Autor nicht auf den unmittelbaren Publikumserfolg angewiesen war, entschieden „Technisierung und Weltverkehr"[11] und damit die Gesetze des Marktes nunmehr über den Wert oder Unwert der Literatur.

3.

Gunter Narr, dies lässt sich wohl unverhohlen konstatieren, gehört zu den wichtigsten bundesrepublikanischen Verlegern. Mit Autoren und Büchern hat er entscheidend zur intellektuellen Stabilisierung im Überbau des Landes beigetragen, die Erziehung einer Minorität von Gebildeten befördert und so reproduktiv in die Breite der Gesellschaft gewirkt. Narrs ästhetischer und verlegerischer Festlegung seines Programms liegen nachvollziehbare Kriterien zugrunde, denn seine Gestaltung der kulturellen Bü-

1972

Eugenio Coseriu
*Die Geschichte der Sprachphilosophie von der Antike bis zur Gegenwart.
Bd. II: Von Leibniz bis Rousseau*

Ein weiteres Produkt der bewährten Kooperation zwischen dem sprechenden Coseriu und dem schreibenden Narr.

9   Erich Auerbach: *Romantik und Realismus* [1933]. In: Ders.: *Gesammelte Aufsätze zur romanischen Philologie*. Herausgegeben und ergänzt um Aufsätze, Primärbibliographie und Nachwort von Matthias Bormuth und Martin Vialon. Tübingen: Narr Francke Attempto Verlag 2018, S. 383–392, hier: S. 391.

10 Ebd.

11 Ebd., S. 383.

cherwelt wird von einem weitsichtigen Blick in die Zukunft getragen und beruht auf wirtschaftlichen Leistungen und sinnstiftenden Resultaten, die verlagsgeschichtlich weit ins 19. Jahrhundert zurückverweisen.

Das zweite Jubiläum, welches Anlass zur Erinnerung bietet, ist mit dem vor 60 Jahren in München gegründeten *A. Francke Verlag GmbH* verknüpft, der zuletzt unter Leitung des Schweizer Verlegers und Literaturwissenschaftlers Carl Ludwig Lang (1916–1999) stand.[12] Nachdem Gunter Narr seine zehnjährige wissenschaftliche Tätigkeit an der Universität Tübingen 1978 aufgegeben hatte (während dieser Zeit gründete Narr die legendären *Tübinger Beiträge zur Linguistik*), konnte er 1984 zunächst den Münchner Verlag und 1992 auch den angestammten Berner Traditionsverlag A. Francke erwerben und dessen Sitz nach Tübingen holen.

Als Ausdruck innerer Verbundenheit mit dem Verlagshaus ist die faksimilierte und transkribierte Festgabe zugänglich gemacht worden, die einen denkwürdigen Brief von Erich Auerbach an C. L. Lang des Jahres 1957 wiedergibt. Lang hatte den Verlag von seinem Vater Carl Emil Lang (1876–1963) übernommen und im September 1992 das Firmenarchiv an das *Staatsarchiv des Kantons Bern* als Schenkung übergeben. Unter der Signatur „FI Francke 324" befindet sich ein umfangreiches Dossier, in dem die Korrespondenz zwischen Auerbach und beiden Langs verzeichnet ist.

Im Frühling 2005 erfuhr ich von der Existenz des Archivs, konnte über das Korrespondenzkonvolut dank freundlicher Unterstützung des Archivars Vinzenz Bartlome erste Auskünfte erhalten, reiste ein Jahr später von Istanbul nach Bern zu dessen Sichtung und nahm später die Transkription der insgesamt 123 überlieferten Briefe Auerbachs vor. Der letzte handschriftlich an

---

12 Vgl. Carl Ludwig Lang: *Chronologische Übersicht der Firma.* In: Ders.: *150 Jahre Francke. Dokumente und Bilder aus der Firmengeschichte.* Bern: Benteli AG 1981, o. P. (S. 6). Lang Junior, der wissenschaftlich ambitioniert war, hatte das vom österreichischen Literaturkritiker Wilhelm Kosch (1879–1960) begründete Nachschlagewerk *Deutsches Literatur-Lexikon. Biographisch-bibliographisches Handbuch* (bisher: Bd. 1 bis Bd. 36) mitherausgegeben und die ersten 14 Bände im Francke Verlag (1968–1992) veröffentlicht. Er publizierte regelmäßig zu verlags- und buchgeschichtlichen Themen und war als junger Mann der Verfasser des wichtigen Abrisses *Die Geschichte des Schweizer Buchhandels* (Bern: A. Francke 1938) gewesen.

C. L. Lang gerichtete Brief gelangt vollständig mittels diplomatischer Textwiedergabe unter Beibehaltung der Orthographie und Interpunktion (Abkürzungen werden durch eckige Klammern aufgelöst) zum Abdruck. Die Einzelauswahl des Briefes wurde getroffen, weil Auerbach im ersten Teil seines Briefes das 125-jährige Bestehen des Schweizer Verlags würdigte. Somit lässt sich der historische Bezug zum Fortleben schweizerischen Geistes im Verlagshaus von Gunter Narr herstellen und das Doppeljubiläum mit einer wichtigen Quelle unterstreichen. Die verlags-, buch- und literaturgeschichtliche Bedeutung des Briefes wird hinsichtlich von Auerbachs *Mimesis* mitgeteilt und der Streit mit Ernst Robert Curtius (1886–1956) kommentiert.

Erich Auerbach	Dr. Carl Ludwig Lang
Hotel Margna	Bubenplatz 6
Sils-Baselgia	Bern
	19. Juni 1957

Lieber Herr Dr. Lang,

Vielen Dank für die Übersendung Ihrer Jubiläumsschrift, die ein schönes und charakteristisches Monument des zugleich lokalen und universalen Wesens ist, das Ihr Haus und überhaupt das beste Schweizertum besitzt. Ich habe Ihren „Textteil" mit grossem Interesse gelesen, und es tut mir sehr leid, dass ich im vergangenen Jahr, aus Unkenntnis, es versäumt habe Ihnen zu den verschiedenen festlichen Gelegenheiten zu gratulieren: zum Verlagsjubiläum, zum 80. Geburtstag Ihres Vaters und zu seinem Berner Ehrendoktorat. Ich hole es hiermit nach, und wünsche dem guten und vornehmen Verlagshause für eine lange Zukunft erfolgreiche Tätigkeit. Ich freue mich einer seiner Autoren zu sein.
Inzwischen habe ich mir einige Bände der Sammlung Dalp angesehen, und ich glaube, dass wir die 2. Auf[lage] von Mimesis sehr gut in der Sammlung erscheinen lassen können, wenn das eine erhebliche Verbilligung bedeutet.
Ich habe mir inzwischen auch noch einmal die Frage des Curtius'schen Aufsatzes über Mimesis überlegt, und bin zu der Überzeugung gekommen, es wäre das Beste, wenn Sie Frau Ilse C[urtius] bewegen könnten von seiner Wiederveröffentlichung abzusehen. In meiner Antwort, die unter den Sachverständigen in mehreren Ländern (Herr B[oehlich] gehört nicht zu den Sachverständigen) sehr bekannt geworden ist, habe ich

HOTEL MARGNA
SILS-BASELGIA   19. Juni 1957

Lieber Herr Dr. Lang,

Vielen Dank für die Über-
sendung Ihrer Jubiläumsschrift, die ein schönes
und charakteristisches Monument des zugleich lokalen und universalen Wesens ist, das Ihr Haus
und überhaupt das beste Schweizertum besitzt. Ich
habe Ihren „Festteil" mit großem Interesse gelesen,
und es tut mir sehr leid, daß ich im vergangenen
Jahr, aus Unkenntnis, es versäumt habe Ihnen zu
den verschiedenen festlichen Gelegenheiten zu gratulieren: zum Verlagsjubiläum, zum 80. Geburtstag
Ihres Vaters und zu seinem Berner Ehrendoktorat.
Ich hole es hiermit nach, und wünsche dem guten
und vornehmen Verlagshause für eine lange hinaus
erfolgreiche Tätigkeit. Ich freue mich einer seiner
Autoren zu sein.

Inzwischen habe ich mir einige Bände der Sammlung Dalp angesehen, und ich glaube, daß wir die
2. Aufl. von Mimesis sehr gut in der Sammlung
erscheinen lassen können, wenn das eine erhebliche Verbilligung bedeutet.

Ich habe mir inzwischen auch noch einmal die
Frage des Curtius'schen Aufsatzes über Mimesis überlegt, und bin zu der Überzeugung gekommen, es
wäre das Beste, wenn Sie Frau Ilse C. bewegen
könnten von seiner Wiederveröffentlichung abzusehen. In meiner Antwort, die unter den Sachverständigen in mehreren Ländern (Herr B. gehört
nicht zu den Sachverständigen) sehr bekannt
geworden ist, habe ich nachgewiesen, daß C.
Autoritäten falsch zitiert, eine Cicerostelle völlig
mißversteht und mir vorwirft, Arbeiten nicht
zu kennen, die erst jahrelang nach den meinigen
erschienen und überdies von den meinigen beeinflußt

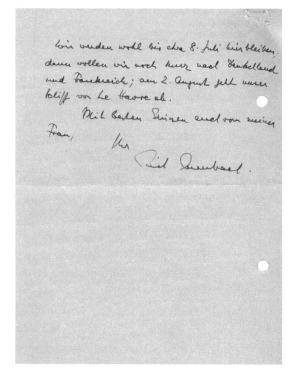

1973

Eugenio Coseriu
*Einführung in die
strukturelle Betrachtung
des Wortschatzes*

Nach der grundlegenden Einführung in den Strukturalismus kommt es jetzt konkret zur Untersuchung des Wortschatzes in Sprachen – ein wegweisendes Buch.

nachgewiesen, dass C[urtius] Autoritäten falsch zitiert, eine Cicerostelle völlig missversteht und mir vorwirft, Arbeiten nicht zu kennen, die erst jahrelang <u>nach</u> den meinigen erschienen und überdies von den meinigen beeinflusst sind und sie zitieren. Die Aufrührung dieser Polemik wäre äusserst peinlich, und ebenso unerfreulich für das Andenken von E[rnst] R[obert] C[urtius] wie für mich – denn auch ich gefalle mir nicht in der Rolle, gegen einen solchen Toten wegen so alberner Lappalien, die aus einem Anfall böser Laune entstanden, zu polemisieren. Aber wenn E[rnst] R[obert] Curtius' Aufsatz wiedererscheint, dann muss ich auch meinen, als Anhang der 2. Auflage, wiederabdrucken. Er heisst „Epilogomena zu Mimesis" und steht als erster Beitrag in dem Bande der „Romanischen Forschungen", der 1953/54 erschienen ist.

Wir werden wohl bis etwa 8. Juli hierbleiben, dann wollen wir noch kurz nach Deutschland und Frankreich; am 2. August geht unser Schiff von Le Havre ab.

Mit besten Grüssen auch von meiner Frau,

Ihr
Erich Auerbach

Überlieferung: E. Br. m. U. *Firmenarchiv Verlag und Buchhandlung Francke AG* (FI Francke 324). Staatsarchiv des Kantons Bern.

4.

Erich Auerbach gesteht im ersten Teil seines Briefes auf sympathische Weise ein, auf drei Ereignisse des Jahres 1956 nicht reagiert zu haben. Er holte die aus „Unkenntnis" versäumten Gratulationen nach und widmete sich dem Studium von Lang Juniors Verlagschronik *125 Jahre Francke Verlag Bern*. Aus deren „Textteil" geht hervor, dass der aus Chur (Graubünden) stammende Buchhändler Johann Felix Jacob Dalp (1793–1851) im August 1831 in Bern die Dalp'sche Buchhandlung gründete und den Verlags- und Sortimentsbuchhandel als die beiden Säulen des Geschäfts aufbaute. Das erste Novitätenverzeichnis enthält bereits eine reichhaltige Auswahl, die sich auf die Bereiche der Altertumskunde und Philologien, Militär- und Naturwissenschaft, Pädagogik, Theologie, Philosophie und Literatur, Rechts- und

Staatswissenschaft oder auch den Vertrieb von Kupferstichen und Landkarten erstreckt. Nach Dalps Tod übernahm dessen Gehilfe Karl Schmid (1827–1903) die Geschäfte und baute den Vertrieb von Schulbüchern weiter aus.[13]

Ebenso buchhändlerisches Handwerk erlernte Alexander Francke (1853–1925), der aus Glückstadt (Schleswig-Holstein) stammte, 1902 den Betrieb übernahm, die neue Verlagsbezeichnung *A. Francke* prägte, den Ausbau schöngeistiger Literatur und die Förderung der Kinder-, Jugend- und bernischen Mundartliteratur vorantrieb. Die Umwandlung der Firma in eine Aktiengesellschaft unter dem Namen *A. Francke AG* geschah 1920 durch deren geschäftsführenden Direktor C. E. Lang. Lang Seniors großer Verdienst bestand darin, dass er „Publikationsmöglichkeiten für die schweizerischen oder ausländischen Autoren, die sich nicht gleichschalten lassen wollten"[14], bewerkstelligte und bedeutende Geisteswissenschaftler wie Walter Henzen, Max Wehrli, Walther von Wartburg, Max Scheler, Fritz Strich, Walter Muschg, Ernst Robert Curtius oder Walter Rehm an den weiten Verlagshorizont binden konnte. Das „Berner Ehrendoktorat" wurde dem gelernten Buchhändler C. E. Lang am 24.11.1956 von der Philosophischen Fakultät I der Universität Bern für seine Verdienste im *Verein Schweizer Verlagsbuchhändler* verliehen, dem er als Präsident von 1933 bis 1949 vorstand.

Wie trat Auerbach aus dem türkischen Exil mit dem Francke Verlag in Verbindung? Der Kontakt zum Verlagshaus wurde dank Empfehlung des Altphilologen und Wirtschaftswissenschaftlers Alexander von Rüstow (1885–1963) hergestellt, denn er war Auerbachs engster Gesprächspartner in Istanbul gewesen.[15] Bevor Auerbachs Briefwechsel am 23.4.1946 einsetzt und das *Mimesis*-Buch als gebundene Erstauflage in Höhe von 3000 Exemplaren im Oktober 1946 erschienen war, schreibt von Rüstow am 21.2.1946 an C. E. Lang:

13 Vgl. Carl Ludwig Lang: *125 Jahre Francke Verlag Bern*. Bern: Benteli AG 1956, S. V–IX, S. X–XIV.
14 Ebd., S. XXV.
15 Vgl. zur intellektuellen Freundschaft zwischen Auerbach und von Rüstow: Martin Vialon: *Trost und Helle für eine „neue Menschlichkeit" – Erich Auerbachs türkisches Exilbriefwerk*. In: *Deutsche Akademie für Sprache und Dichtung, Jahrbuch 2010*. Göttingen: Wallstein Verlag 2011, S. 18–47, hier: S. 35–43.

Dass Sie inzwischen mit meinem Freunde Auerbach auf so erfreuliche Weise einig geworden sind, freut mich ganz besonders. Ich hoffe, durch diese Vermittlung beiden Seiten einen Dienst erwiesen zu haben, und wünsche dem schönen Buch den Erfolg, den es verdient.[16]

Tatsächlich wurde *Mimesis* von großem Erfolg gekrönt.[17] Aus dem Verlagsbriefwechsel gehen die materielle Seite der Buchproduktion und die gesamte Organisation des literarischen Lebens und Fortlebens des Werkes und anderer Schriften hervor. So können Auerbachs Briefe als Teil der Literatur- und Wissenschaftsgeschichte auf Fragen der Publikumsbestimmung und Wirkung des Buches erschöpfende Antworten geben: Neben *Mimesis* wurden eine Aufsatzsammlung und eine Monographie bei A. Francke publiziert,[18] über deren Konzeption die Briefe ebenso handeln wie über abgelehnte Werke, die andernorts erschienen. Die Verlagsbeziehung verkörpert jedoch viel mehr als eine bloße Geschäftsebene. Von Anfang an war sie durch ein ungewöhnlich hohes Maß menschlicher Verbundenheit, vertraulichen Umgang, Verständnis für die beiderseitige Lage und höchste Verantwortlichkeit seitens des Verlegers gegenüber der Bearbeitung und Pflege anvertrauter Geistesprodukte geprägt. Das freundschaftliche Verhältnis wurde in späteren Jahren durch Auerbachs Verlagsbesuche am Bubenplatz 6 in Bern gefestigt, die im Rahmen von Europa- und Türkeireisen im August 1952, Juli 1954 und Juni 1957 stattfanden.

---

16 *Firmenarchiv Verlag und Buchhandlung Francke AG* (FI Francke 324). Staatsarchiv des Kantons Bern.

17 Erich Auerbach: *Mimesis. Dargestellte Wirklichkeit in der abendländischen Literatur*. Bern: A. Francke AG. Verlag 1946 (503 S.). Auerbach hatte lange nach einem griffigen Titel gesucht. Vorschläge wie „Mimesis. Beiträge zur Geschichte des literarischen Realismus", „Dargestellte Wirklichkeit von Homer bis Joyce" oder „Spiegel des Geschehens. Beiträge zur Interpretation der Wirklichkeitsdarstellung von Homer bis zum 20. Jahrhundert" tauschte er mit von Rüstow aus. Vgl. Martin Vialon: *„Die Katastrophen des Jahrhunderts haben es bewirkt, dass ich nirgends hingehöre …". Erich Auerbach als Literatursoziologe und Autor von Mimesis*. In: *Offener Horizont. Jahrbuch der Karl Jaspers-Gesellschaft (Band 4)*. Herausgegeben von Matthias Bormuth. Göttingen: Wallstein Verlag 2017, S. 118–130, hier: S. 123.

18 Vgl. *Vier Untersuchungen zur Geschichte der Französischen Bildung* (Bern: A. Francke AG Verlag 1951) und das Spätwerk *Literatursprache und Publikum in der lateinischen Spätantike und im Mittelalter* (Bern: Francke Verlag 1958).

Anfangs betrifft die Briefkommunikation verlegerische Mithilfe bei der Überbrückung eigenen Mangels, denn nach Kriegsende stürzte in Istanbul die türkische Lira ab und das militärisch besiegte und in vier Zonen aufgeteilte Deutschland befand sich in einem Zustand infrastruktureller und moralischer Zerrüttung. Auerbach erhält auf Anfrage *Mimesis*-Vorschuss, wobei C. E. Lang ebenfalls die Bitte erfüllte, eng befreundeten Fachkollegen wie Werner Krauss und Elena Eberwein-Dabcovich (1899–1970) mittels in Care-Paketen versendeten Grundnahrungsmitteln wie Speck, Fleischkonserven, Vollmilchpulver, Zucker, Butter und Medikamenten die bestehende Not lindern zu helfen. Umgekehrt bekundet Auerbach Verständnis für die ihm fernliegende Situation, dass der Vertrieb von *Mimesis* in die besetzten Zonen Deutschlands wegen der Alliiertenkontrolle ausländischen Schriftgutes schwierig sei und nur langsam vorangehe. Er bedankt sich für die Expedierung von Freiexemplaren, die unter anderen André Malraux, Ernst Bloch, Ulrich Leo, Fritz Schalk, Charles Singleton, Paul Jacobsthal, Leo Spitzer oder Werner Krauss erreichen.

Besprochen wurde die gemeinsame Mobilisierung von *Mimesis*-Rezensionen in Europa, Deutschland und den USA. Frühe und erfolgreiche Kritiken von Fritz Strich[19] und Fredrik Böök[20] trugen dazu bei, dass sich das Buch zu einem Bestseller der Literaturgeschichte entwickelte und seinem Autor weltweiten Ruhm einbrachte, obwohl die erste geschäftliche Zwischenbilanz „betrüblich" ausfiel. Am 21.9.1949 schreibt Auerbach an C. E. Lang:

[…] Dass Mimesis im dritten Jahr nur in knapp 200 Exemplaren verkauft worden ist und es im Ganzen bisher auf wenig über 1000 gebracht hat, finde ich recht betrüblich und auch erstaunlich, wenn man bedenkt, dass das Buch nicht nur in Fachzeitschriften, sondern auch in vielen allgemeiner verbreiteten Organen überaus günstig besprochen worden ist. Schliesslich wollte ich mich ja nicht eigentlich nur an Fachleute wenden,

---

19   Fritz Strich [Rez.]: Mimesis. In: *Der kleine Bund*, Bern, Nr. 37, 14.9.1947, S. 171 f.
20   Fredrik Böök [Rez.]: Mimesis. In: *Svenska Dagbladet*, 11.8.1947 und ders. [Rez.]: Erich Auerbach. In: *Ebd.*, 21.8.1947.

sondern an eine Art gebildeter Elite von „Laien"; leider ist diese sehr klein, und ausserdem oft nicht sehr kaufkräftig [...].[21]

Auerbach imaginiert seine Leserschaft als „gebildete Elite von ‚Laien'" und schafft sich ein intellektuell erziehbares Publikum. In weiteren Schreiben wird über die erfolgten Übersetzungen von *Mimesis* ins Spanische (1950), Englische (1953), Italienische (1956) und Hebräische (1957) berichtet. Überall, wo man das Werk las, wurde es wegen des verständnisvollen Tonfalls und der durchgehaltenen These vom Wandel des hohen (*sermo sublimis*) zum niederen Erzählstil (*sermo humilis*) und daraus entstandenen Mischformen realistischer Literaturen und ihrer einzelphänomenologischen Interpretationen bewundert.[22] Ersichtlich wird auch, aus welchem Grund *Mimesis* der Erweiterung unterworfen wurde. Auerbach hatte am 26.6.1949 mitgeteilt, dass Amado Alonso (1896–1952), zwischen 1927 und 1946 als spanischer Exilromanist in Buenos Aires und nun in Harvard lehrend, die *Mimesis*-Übertragung ins Spanische unter einer Bedingung befürwortete:

> Mein hiesiger spanischer Freund und Kollege Amado Alonso, der die spanische Uebersetzung von Mimesis angeregt hat, hat vorgeschlagen, dass ich ein oder zwei Kapitel über spanische Dichtung hinzufüge; das würde natürlich den Verkaufswert des Buches in spanisch sprechenden Ländern sehr erhöhen. Ich habe zugesagt [...]. Sollte daraus etwas werden, gehören Ihnen natürlich die Rechte an dem deutschen Text für eine etwaige Neuauflage des Buches. Von der Uebersetzung selbst habe ich lange nichts gehört, es scheint zwar, dass die Herren in Mexico einen sehr zuständigen Mann zum Revisor gemacht haben, aber die Tatsache, dass

1974
Georg Kremnitz
Versuche zur Kodifizierung des Okzitanischen seit dem 19. Jh. und ihre Annahme durch die Sprecher
Kremnitz ist einer der wenigen Spezialisten zu dieser wichtigen Sprache innerhalb der Romania, jede seiner Veröffentlichungen hat entsprechendes Gewicht.

21 *Firmenarchiv Verlag und Buchhandlung Francke AG* (FI 324). Staatsarchiv des Kantons Bern.
22 Vgl. den Methodenbrief vom 22.5.1939 an Hellweg, in dem Auerbach sein hermeneutisch-soziologisches Interpretationskonzept darlegt und erstmals Ernst Robert Curtius' typologische Untersuchungen zur Literatur des Mittelalters besonders lobte: In: *Erich Auerbachs Briefe an Martin Hellweg* (Anm. 6), S. 57 f., hier: S. 57: „Haben Sie die Arbeiten von Ernst Robert Curtius [...] gelesen [...]? Es sind sehr entsagungsvolle, aber sehr notwendige und vorzüglich angelegte Arbeiten."

sie mir nach meiner ersten kritischen Stellungnahme garkeine Proben mehr schicken, macht mich misstrauisch.[23]

Die Eigentümlichkeit der spanischen *Mimesis*-Ausgabe, die im Verlag *Fondo de Cultura Económica* 1950 erschien, besteht darin, dass sie die erste erweiterte und vollständige Textausgabe der endgültigen Fassung des *Mimesis*-Buches darstellt. Mittels des eingeschobenen Cervantes-Kapitels *Die verzauberte Dulcinea* verkörpert die *spanische Mimesis* das Muster, wonach die zweite Auflage der deutschen Ausgabe veröffentlicht wurde, die 1959 als Taschenbuch der preisgünstigen Reihe *Sammlung Dalp* (Bd. 90) erschienen war und seitdem nicht mehr 19 Abschnitte wie die Erstausgabe von 1946, sondern 20 Kapitel umfasste.

Wer „die Herren in Mexico" und der zuständige „Revisor" gewesen waren, lässt sich trotz der Vorschläge, die der kolumbianische Literaturwissenschaftler Carlos Rincón (1937–2018) im Rahmen seiner transkulturellen Analyse der Wirkungsgeschichte von *Mimesis* in Lateinamerika aufzeigte (die oben angeführte Quelle lag ihm nicht vor), nicht mehr genau rekonstruieren. Kompiliert man jedoch Rincóns Recherche mit Auerbachs Aussage, dass Alonso über sehr gute Beziehungen in die hispanoamerikanische Welt verfügte, dann dürfte jener es gewesen sein, der den Romanisten Raimundo Lida (1908–1979) als „Revisor" einsetzte. Lida, der galizisch-jüdischer Herkunft war, hatte bei Alonso in Buenos Aires Romanistik studiert und promoviert, siedelte 1947 nach Mexiko-Stadt über, wirkte bei der Gründung des *Centro de Estudios Literarios de América Latina* mit und war, wie Rincón ausführt, für das Exposé der spanischen *Mimesis*-Übersetzung verantwortlich gewesen. Im Hintergrund zogen Alonso und Lida weitere Fäden und insistierten, dass der baskische Intellektuelle Eugenio Ímaz (1900–1951), der ebenso als Exilspanier in Mexiko-Stadt lebte und von 1924 bis 1932 in Deutschland Philosophie studierte, als Hauptübersetzer gewonnen werden konnte.[24]

23 *Firmenarchiv Verlag und Buchhandlung Francke AG* (FI 324). Staatsarchiv des Kantons Bern.
24 Vgl. Carlos Rincón: *Die Topographie der Auerbach-Rezeption in Lateinamerika.* In: Karlheinz Barck / Martin Treml (Anm. 6), S. 371–390, hier: S. 374–378. Neben Alonso hatte R. Bultmann in seinem *Mimesis*-Brief vom Oktober 1948 Auerbachs Beschäftigung mit Cervantes' humoristischen Realismus anregt: Vgl. Martin Vialon: *Erich Auerbach und Rudolf Bultmann:*

5.

Worin besteht die besondere Rolle, die Ernst Robert Curtius, der am 19. April 1956 während einer Romreise verstorben war, in Auerbachs Brief vom 19. Juni 1957 einnimmt? Aus heutiger Sicht der Forschungslage treffen in Auerbach und Curtius zwei Dinosaurier des Geistes aufeinander, deren konkurrierendes Verhältnis durch ihre gegensätzlichen Charakterzüge und methodologischen Ansätze geprägt war. Auerbach nimmt darin nicht die Rolle des Aggressors wahr, sondern bewahrt Contenance und Gelassenheit, während Curtius aufbrausend und verletzend sein konnte. Hinsichtlich ihrer wissenschaftshistorischen Bedeutung verkörpern sie ein gleich-ungleiches Romanisten-Paar: Beide waren glänzende Schriftsteller und Essayisten, die der deutschsprachigen Romanistik zu großer Anerkennung in Europa und in Nord- und Südamerika verhalfen.

Ungleich war ihre Methode: Curtius betrieb in seinem Hauptwerk *Europäische Literatur und Lateinisches Mittelalter* (Bern, München: Francke Verlag 1948) Toposforschung, und Auerbach untersuchte am Gegenstand des von Odysseus, Abraham, Jesus, Paulus, Cavalcantes oder Mrs. Ramsay gesprochenen *sermo humilis* den sich vollziehenden Verlauf literarischer Stilarten und deren Vermögen, auf die Geschmacksbildung des Publikums einzuwirken. Curtius war wegen seiner journalistischen und übersetzerischen Fähigkeiten der bessere Allrounder. Neben allen romanischen Literaturen überblickte er auch die englische und amerikanische moderne Dichtung. Einer seiner vielleicht besten literarischen Essays ist derjenige über Ralph Waldo Emerson (1803–1882) und dessen philosophisches Dichtungs- und Deutungsprinzip der all-einheitlich aufzufassenden Natur; darin befinden sich glänzende Passagen zur Dichtung des mit Emerson befreundeten Walt Whitman.[25]

Probleme abendländischer Geschichtsdeutung. In: Matthias Bormuth / Ulrich von Bülow (Hrsg.): *Marburger Hermeneutik zwischen Tradition und Krise.* Göttingen: Wallstein Verlag 2008, S. 176–206, hier: S. 190–195.

25 Vgl. Ernst Robert Curtius: *Emerson:* In: Ders.: *Kritische Essays zur europäischen Literatur* [1950]. Frankfurt / Main: Fischer Taschenbuch Verlag 1984, S. 120–137.

Frank-Rutger Hausmann prägte die Formel von den „Vertriebenen und Gebliebenen"[26] und knüpfte damit an die von Michael Nerlich aufgezeigte Blamage unreflektierter und mitmachender Haltung der allermeisten Fachromanisten während der Zeit des Nationalsozialismus an.[27] Die abstrakte Typologie erleichtert zwar die Zuordnung von Curtius und Auerbach in die vorgesehene Teilmenge, jedoch, dessen ist sich Hausmann bewusst, verdeckt sie wegen moralisch leicht begründbarer Eindeutigkeitszuweisungen das Faktum, dass es zwischen einzelnen Gruppenangehörigen durchaus Sympathie und Zuneigung, oder wie bei Curtius, den Weg in die innere Emigration gab. Jedenfalls hatte Nerlich, als er Curtius' Pamphlet *Deutscher Geist in Gefahr* (1932) einer kritischen Revision unterzog, nicht unrecht mit dem Befund, dass sich darin auch chauvinistische und politisch opportunistische Positionen nachweisen lassen.

Curtius' Anbiederung an den italienischen Faschismus, der sich als gewünschte Verklammerung mit Deutschland gegen Frankreich zu wenden habe, ging so weit, dass daraus das Bollwerk gegen den „Bolschewismus" entstehen sollte. Er irrte sich 1932 mit seiner Zukunftsprophetie, geriet in eine tiefe, auch medizinisch durch den Psychiater Carl Gustav Jung festgestellte Lebenskrise und tauchte in die „Katakomben" des Mittelalters ab. An seinen französischen Freund Jean de Menasce (1902–1973), der als Orientalist und Theologe wirkte, schrieb Curtius am 22.12.1945 selbstkritisch und damit nicht legitimatorisch:

> […] 1932 wurde ich durch tiefe Erschütterungen meiner Psyche in einen Zustand von alternirenden [sic] produktiver Spannung & schwerer Depression versetzt. Ich schrieb ‚Deutscher Geist in Gefahr', brach dann zusammen, musste Jung in Zürich consultieren. Es war eine schwere Krise, in der ich später die unbewusste Anticipation des Grauens erkannte, das 1933 begann. Aus der Krise kaum aber auch Heilung. […]

1975
Eugenio Coseriu
Leistung und Grenzen der Transformationellen Grammatik (Vorlesungsmitschrift aus dem SoSe 1971)

Mit dieser Vorlesung ermöglichte Coseriu es deutschen Studierenden und Lehrenden, über die neuesten linguistischen Entwicklungen aus den USA auf dem Laufenden zu bleiben.

---

26 Hausmann: „Vom Strudel der Ereignisse verschlungen" (Anm. 7), S. 113.
27 Vgl. Michael Nerlich: *Romanistik und Anti-Kommunismus. Mit einer Stellungnahme des Deutschen Romanisten-Verbands.* In: *Das Argument*, 72, 1972, S. 276–313 und S. 678–685, hier: S. 288 (Argument Studienhefte, SH 18, 1978). Vgl. Ernst Robert Curtius: *Deutscher Geist in Gefahr* [1932]. Berlin, Stuttgart: Deutsche Verlagsanstalt 1933, S. 49 f.

Ich konnte das geliebte und heilige Rom als Leitstern meines Forschens und Sinnens wählen.[28]

Rom- und Europabegeisterung sind etwas anderes, als aus dem Vorschatten des Faschismus getreten zu sein. Curtius irrte sich genauso wie sein späterer Goethe-Kontrahent Karl Jaspers, der in seiner Parallelschrift *Die geistige Situation der Zeit* den National-sozialismus, Bolschewismus und die Psychoanalyse als kulturelle Hauptkulturfeinde ausmachte, und, was vielleicht noch schlim-mer ist, ohne deren Wesensunterschiede näher zu benennen, eben gleichsetzte.[29] Dagegen lassen sich in keiner einzigen der von Auerbach veröffentlichten Schriften und Briefe völkische oder irgendwie ressentimentbehaftete Äußerungen nachweisen.

Curtius war (wie Jaspers) kein Faschist. Er war ein feinfühliger, hochbegabter und geistesaristokratischer Intellektueller, als den ihn Auerbach 1939 im Brief an Hellweg betrachtete. Curtius' Tod machte ihn betroffen, denn er schrieb an C. L. Lang am 28.4.1956:

> Der Tod von Ernst Robert Curtius hat mich sehr ergriffen. Wir waren früher in sehr guten Beziehungen, d. h. er hat mir sehr viel geholfen. Das hatte sich leider seit der Begegnung in Princeton geändert, und seither habe ich ihn nicht mehr gesehen.[30]

Auerbachs *meditatio mortis* impliziert die Erinnerung an eine problematische Begegnung am *Institute for Advanced Study*, wo er im Oktober 1949 die Princeton *Seminars in Literary Criticism* mit einer Serie von Vorträgen über Pascal, Flaubert und Baude-laire eröffnete.[31] Mit Curtius, der als Fellow eingeladen war, kam es zu einer harten Kontroverse. Von dessen Seite entzündete sie sich durch bissige Kommentare zu Pascals christlich geprägtem Rechts- und Widerstandsbegriff und bezog sich als Angriff auf Auerbachs allegorische Baudelaire-Interpretation. Ganz anders,

---

28 Ernst Robert Curtius: *Briefe aus einem halben Jahrhundert. Eine Auswahl* [1902–1955]. Herausgegeben und kommentiert von Frank-Rutger Haus-mann. Baden-Baden: Verlag Valentin Koerner 2015, S. 458.

29 Karl Jaspers: *Die geistige Situation der Zeit* [1931]. Berlin: Walter de Gruyter 1960 Sammlung Göschen (Bd. 100), S. 159.

30 *Firmenarchiv und Buchhandlung Francke AG* (FI 324). Staatsarchiv des Kantons Bern.

31 Vgl. Robert Fitzgerald: *Enlarging the Change. The Princeton Seminars of Literary Criticism 1949–1951*. Boston: Northeastern University Press 1985, S. 13 f.

fast harmonisch, war es zwei Jahre zuvor, als sich Auerbach bei Lang Senior für die Veröffentlichung von Curtius' Hauptwerk *Europäische Literatur und Lateinisches Mittelalter* ausgesprochen hatte. Er schrieb am 16.4.1947, wieder an C. L. Lang:

> Mit Herrn Curtius bin ich inzwischen in weiterem Briefwechsel […]. Aber er wird sich wahrscheinlich bald wegen seiner Sachen an Sie wenden, denn er fragte mich an, ob Sie für seine (z. T. in den letzten Jahren in Zeitschriften veröffentlichten) Mittelalterstudien Interesse haben würden – die in Fachkreisen sehr geschätzt sind, aber nach ihrem doch ziemlich streng philologischen Charakter kaum auf einen sehr grossen Publikumsabsatz rechnen können, soweit ich sie gesehen habe.[32]

Vorausgegangen war dieser Empfehlung ein enthusiastischer Brief von Curtius an Auerbach, in dem er sich am 1.1.1947 lobend zu *Mimesis* äußerte:

> Mit grosser Freude empfing ich den stattlichen Band Ihrer „Mimesis". […] Die überlegene geistige Haltung und die edle Sprachform machen die Lesung zum Genuss. Für Menschen wie mich ist es ein Trost in der allgemeinen Verwilderung. Wir müssen das Niveau halten und die Continuität der Bildung bewahren, soviel an uns liegt.[33]

Auerbach und Curtius empfehlen sich wechselseitig ihrem Verleger und nehmen so Einfluss auf die Wirkungsgeschichte ihrer Hauptwerke. Die Chronologie der Kulmination ihrer damit verbundenen Konflikte spiegelt sich in Auerbachs Verlagsbrief vom 19. Juni 1957 an C. L. Lang wider. Curtius' Frau Ilse (geb. Gsottschneider, 1907–2002), die 21 Jahre jünger und ausgebildete Romanistin war, hatte beabsichtigt, den *Mimesis*-Besprechungsessay[34] ihres Mannes in der geplanten Ausgabe *Ernst Curtius: Gesammelte Aufsätze zur Romanischen Philologie* (Bern, München:

---

32 *Firmenarchiv und Buchhandlung Francke AG* (FI 324). Staatsarchiv des Kantons Bern.
33 Curtius: Briefe aus einem halben Jahrhundert (Anm. 28), S. 475.
34 Vgl. Ernst Robert Curtius: *Die Lehre von den drei Stilen in Altertum und Mittelalter*. In: *Romanische Forschungen*, 64 Bd., Heft 1/2, 1952, S. 57–70. Vgl. zum gesamten Streit zwischen Auerbach und Curtius die beiden Briefkommentare (Curtius an Auerbach: 1.1.1947; 6. Mai 1950) mit weiterführender Forschungsliteratur bei Hausmann: Ernst Robert Curtius. Briefe aus einem halben Jahrhundert (Anm. 28), S. 475–477 u. 565 f. und Vialon: Erich Auerbachs Briefe an Martin Hellweg (Anm. 6), S. 86–93 u. 125–129.

Francke Verlag 1960) wiederabzudrucken. Auch die Unterstützung, die sie durch Walter Boehlich (1921–2006) erhielt, der von
1947 bis 1951 Curtius' Assistent in Bonn gewesen und für die Er-
stellung des Sach- und Wörterverzeichnisses von Curtius' Mittel-
alterbuch zuständig war,[35] wurde von Auerbach abgewiesen. Er
hatte überhaupt kein Interesse mehr an der „Aufrührung" eines
alten Konflikts, weil er genau wusste, worin die Divergenzen und
Konvergenzen zwischen ihm und Curtius bestanden hatten, und
konnte mit seinen Argumenten auch Ilse Curtius überzeugen, auf
den Wiederabdruck des besagten Aufsatzes zu verzichten.

Curtius' *opus magnum* galt der Interpretation der privilegier-
ten römisch-mittelalterlichen Überlieferung als Höhenkamm der
Literatur, bei der ihm die Philologie, wie Peter Jehle treffend
meinte, als „Garantiemacht intakter Wissenschaftlichkeit"[36] ent-
sprach, weil sie unter Ausblendung gesellschaftlicher Fragen die
sterilen Kontinuitätsmomente der Literaturgeschichte herausprä-
parieren half. Aber es gibt einen ganz anderen Curtius, den uns
Frank-Rutger Hausmann im Vorfeld seiner zitierten Briefausgabe
als einen vielseitigen und produktiven Denker vorstellte. Zwischen
1912 und 1956 reiste Curtius neun Mal nach Rom und hatte seine
Eindrücke verschiedenen Korrespondenzpartnern mitgeteilt: „Es
gibt kaum einen Gelehrten des 20. Jahrhunderts, der ein so passio-
nierter und zugleich geistreicher Briefschreiber war wie Curtius."[37]
Mit Curtius' brieflicher Essayistik denken zu lernen, ist ein wahres
Abenteuer und es bedeutet, dass er uns außerhalb unseres eigenen
Selbst zu versetzen vermag.

Nicht gegen Curtius, sondern den Eigenarten des Ästhetischen
und der Gesellschaftlichkeit der Literatur auf der Spur bleibend,
ist Auerbach zu lesen: Aus der Exilperspektive der alten römi-
schen Provinz Asia und späteren Hauptstadt Ostroms – Konstan-
tinopel – liegt zunächst einmal eine maßvolle Distanz gen West-
europa vor, die es Auerbach in *Mimesis* gestattete, in Augustins

---

35 Peter Jehle: *Philologie und Emanzipation. Zum Verhältnis von Walter
    Boehlich zu Ernst Robert Curtius.* In: Helmut Peitsch / Helen Thein-Peitsch
    (Hrsg.): *Walter Boehlich: Kritiker.* Berlin: Akademie Verlag 2011, S. 85–98,
    hier: S. 87.
36 Ebd., S. 97.
37 Frank-Rutger Hausmann: *Ernst Robert Curtius und die Roma aeterna.* In:
    Italienisch 70, 2013, S. 19-47, hier: S. 22.

Alypius-Geschichte die massenpsychologisch bedingte Preisgabe des eigenen Selbst als Voraussetzung für triebhaft-faschistoide Vereinnahmung oder in Voltaires erzählerischer Scheinwerfertechnik rhetorische Proben der Bewusstseinsmanipulation nazistischer Propaganda zu erkennen. Der abseits gelegene *genius loci* entpuppte sich für den Vertriebenen als ein Vorteil zur Erfindung einer Methode Literatur zu interpretieren, bei der das in sie versenkte Publikum selbst Gegenstand der philologisch-philosophisch vorgenommenen Reflexion geworden war.

Und heute: Ist die Zeit des gebildeten Laienpublikums vorüber?! Begeben wir uns doch noch einmal mit Curtius und Auerbach auf die Suche nach der verlorenen Zeit – beide waren, wie Marcel Proust, große interpretative Meister ihrer Erzählungen. Unser Jubilar, der Verleger Gunter Narr, hält einige ihrer Bücher bereit: Res severa est verum gaudium.

1976

Werner Faulstich
Einführung in die Filmanalyse

Filme gucken im Dienste der Wissenschaft – der Auftakt zur sehr erfolgreichen Lehrbuchreihe *Literaturwissenschaft im Grundstudium*.

Prof. Dr. Franz Xaver Bea,
Eberhard Karls-Universität Tübingen

Strategische Herausforderungen für einen Verlag

1. Diskontinuitäten

Vor kurzem war in der Presse zu lesen: Die Deutschen erledigen Bankgeschäfte zunehmend im Internet. Bei der Wahl der Hausbank ist nach einer Studie deshalb das digitale Angebot entscheidend. Klar ist, dass sich das Kundenverhalten rasant ändert und das Smartphone immer mehr die Bankfiliale ersetzt: „Die Hälfte aller deutschen Bankkunden rechnet in den kommenden 20 Jahren mit dem völligen Verschwinden der Bankfilialen" (Schwarzwälder Bote, 23.5.2019).

Spätestens jetzt werden Sie sich die Frage stellen, was hat die Bankenbranche mit dem Verlagswesen zu tun? Ganz einfach: Beide stehen vor gewaltigen strategischen Herausforderungen wie viele andere Branchen auch. Zu denken ist u. a. an Versicherungen (jeder zweite Deutsche hat bereits eine Police online abgeschlossen), an das öffentlich-rechtliche Fernsehen (Konkurrenz durch Youtube und Streamingdienste) oder an die Reisebranche, speziell an Reisebüros.

Die Wissenschaft vom Strategischen Management hat sich schon immer mit derartigen strategischen Herausforderungen für Unternehmen beschäftigt und unter dem Begriff „Diskontinuitätenmanagement" nach Problemlösungen gesucht (vgl. Bea / Haas: Strategisches Management, 10. Auflage, 2019). Diskontinuitäten sind Umweltveränderungen, die in ihrer Art und Wirkungsweise völlig neuartig und nahezu nicht vorhersagbar, zugleich aber von großer Bedeutung für die Unternehmung sind. In der angelsächsischen Literatur wird das Diskontinuitätenmanagement als „Strategic Issue Management" bezeichnet.

In diesem Jahr feiert der Verleger Dr. Gunter Narr seinen 80. und sein Verlag den 50. Geburtstag. Im Laufe eines halben Jahrhunderts gab es unzählige kleine, aber auch einige große Diskontinuitäten, die Verleger und Verlag erfolgreich gemeistert haben. Andernfalls stünde der Verlag heute in seiner Programmgröße und Modernität nicht so da. Doch diese Umbrüche, mit denen ein Verlag zu kämpfen hat, werden auch in Zukunft keinesfalls aufhören. Im Gegenteil. So möchte ich mit diesem Beitrag meinen Teil dazu beitragen, einen Blick in eine bewältigbare Zukunft zu richten – wenngleich in einer Festschrift meist der Blick in die Vergangenheit gerichtet wird.

Im Folgenden soll ein Ansatz vorgestellt werden, der sich zur Bewältigung von Diskontinuitäten bewährt hat: der Strategische Fit. Was versteht man darunter?

2. Der Strategische Fit

Das Strategische Management besteht aus folgenden Teilsystemen:

\ Strategische Planung
\ Strategische Kontrolle
\ Informationsmanagement
\ Organisation
\ Unternehmenskultur

Diese Teilsysteme sind durch einen Controller zu koordinieren (vgl. Abbildung 1).

Abbildung 1:
Abstimmung der
Teilsysteme des
Strategischen
Managements durch das
Controlling

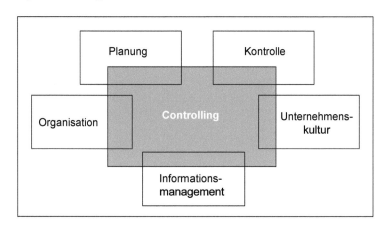

Die Konzeption des Strategischen Fit nach Abbildung 1 folgt dem Wandel in der praktischen Bedeutung der einzelnen Teilsysteme: Während ursprünglich der strategischen Planung die zentrale Aufgabe zugesprochen wurde und sowohl die Organisation wie auch die Unternehmenskultur als bloße Umsetzungshilfen verstanden wurden, kommt nach heutigem Verständnis allen Komponenten eine gleichberechtigte und eigenständige strategische Funktion zu. Anders ausgedrückt: Die Zeit der Vorstände, die Strategien erfinden und durchsetzen, ist vorbei. Sie verlangt heute vielmehr einen Wandel vom Top-Manager als Entscheider zum Gestalter einer Organisation und Unternehmenskultur für kreative und implementierungsfähige Strategien.

3. Strategien

In Abbildung 1 sind die fünf Subsysteme des Strategischen Managements erfasst. Im Folgenden soll nun geprüft werden, welche Reaktionen geeignet sind, um den strategischen Herausforderungen erfolgreich zu begegnen.

Strategische Planung

Die Aufgabe der strategischen Planung besteht darin, die Anforderungen der Umwelt mit den Potenzialen des Unternehmens abzustimmen und so mit Hilfe von Strategien den langfristigen Erfolg des Unternehmens zu sichern. Die aktuellen Anforderungen aus der Umwelt von Verlagen resultieren vorwiegend aus der Digitalisierung und dem veränderten Verhalten der Nutzer von Verlagsprodukten. Weder Verlage noch Buchhändler können an diesen Trends etwas Wesentliches ändern. Ihnen kommt vielmehr die Aufgabe zu, die technischen Veränderungen und das mit ihnen verbundene Verhalten der Nutzer rechtzeitig (d. h. wenn sie sich andeuten) zu erfassen und adäquat strategisch zu reagieren. Am Beispiel E-Books sei dies verdeutlicht: E-Books und elektronische Printerzeugnisse sind inzwischen im Massenmarkt angekommen. Lag ihr Marktanteil gemessen am Umsatz in Deutschland 2010 noch unter 3 %, so beträgt er aktuell rund 6 %. E-Books bieten für eine Reihe von Marktteilnehmern Chancen: Online-Buchhändler wie Amazon senken Versandkosten und können Hardware-Umsätze verbuchen, Hardware-Hersteller wie Apple steigern die Umsätze für ihre Geräte und binden Kunden immer fester in ihr Eco-System ein. Verlage nutzen die Chance zum Direktvertrieb ihrer Titel. Und schließlich bietet das E-Book für den Leser verschiedene Vorteile, z. B. entlastet es das Reisegepäck.

Interessant ist, wie der deutsche Buchhandel mit dieser auf den ersten Blick strategischen Bedrohung umging: Große deutsche Buchhändler wie Hugendubel, Thalia und Bertelsmann haben zusammen mit der Deutschen Telekom einen eigenen E-Reader, den Tolino Shine, auf den Markt gebracht. Tolino besitzt in Deutschland einen Marktanteil von rund 40 %, während Amazons Marktanteil auf unter 50 % sank. Abzuwarten bleibt, ob es den Händlern damit auch gelingt, Kunden nachhaltig an den stationären Buchhandel zu binden. Positive Signale gibt es: Die Marktanteilszuwächse der E-Books fallen inzwischen moderat aus und in den USA, wo E-Books bereits einen Marktanteil von über 20 % hatten, ist ihr Marktanteil sogar rückläufig.

Dieses Beispiel zeigt, wie Umweltveränderungen – in diesem Fall technologischer Art – nicht nur Chancen und Risiken für bestehende Akteure mit sich bringen, sondern auch ganz neue Akteure ins Spiel bringen. Hier verändern sich nicht nur die Struktur einer gesamten Branche und die Rollen von Autoren, Verlagen und Händlern sowie ihre Wertschöpfungsanteile: Hier verschieben sich die Grenzen einer gesamten Industrie bzw. eines Marktes.

Strategische Kontrolle

Im Rahmen des strategischen Kontrollsystems ist sicherlich das sog. Benchmarking ein Instrument, um eine Kontrolle der unternehmerischen Wertschöpfung durchzuführen. Ein Vergleich mit Unternehmen, die als leistungsstark gelten („von den Besten lernen"), liefert Anhaltspunkte für die Kontrolle und damit die Beurteilung der eigenen Position. Ein internes Benchmarking ist dann möglich, wenn unter einem Dach – wie häufig bei Verlagen – mehrere Unternehmen angesiedelt sind. Es können aber auch – im Rahmen eines externen Benchmarking – branchenfremde Unternehmen in den Vergleich einbezogen werden.

1977
Peter Rickard
Geschichte der französischen Sprache
Eine der ersten Koproduktionen mit der damaligen DDR, ein Standardwerk eines sehr angesehenen Autors. Die von dem DDR-Verlag erworbenen 500 Exemplare waren in kürzester Zeit verkauft.

Abbildung 2 verdeutlicht die Spannweite des Benchmarking.

Parameter	Ausprägung des Parameters			
Objekt	Produkte	Methoden	Prozesse	
Zielgröße	Kosten	Qualität	Kundenzufriedenheit	Zeit
Vergleichs-partner	andere Geschäftsbereiche	Konkurrenten	gleiche Branche	andere Branche

Abbildung 2:
Benchmarking nach
Horvath / Herter

Strategisches Informationsmanagement

Wie eingangs beschrieben, erleben wir zurzeit eine strategische Diskontinuität im Verlagswesen. Diskontinuitäten fallen i. d. R. nicht völlig unerwartet vom Himmel, sie künden sich vielmehr durch schwache Signale an. Was sind schwache Signale? Sie äußern sich nicht in Form von Zahlen. Wenn z. B. die Nachfrage nach einem Verlagsprodukt zu einer Umsatzeinbuße führt, liegt bereits ein starkes Signal vor. Schwache Signale sind qualitativer Natur. Es kann sich dabei um Meinungen und Stellungnahmen bestimmter Persönlichkeiten, Experten und Institutionen handeln oder um Verhaltensweisen, die sich in Wahlergebnissen niederschlagen. Wenn sich etwa beobachten lässt, dass Studenten ihre Informationen über das Smartphone beziehen, drängt sich die Frage auf, ob nicht auch das Lehrbuchwissen und speziell das Wissen von Nachschlagewerken (z. B. BWL-Lexika) auf elektronischem Wege bezogen werden kann. Gelingt es, schwache Signale zu erkennen und zu verarbeiten, so wird die Wahrnehmungszeit verkürzt und damit Zeit für ein gezieltes Agieren anstelle eines Reagierens unter erheblichem Zeitdruck gewonnen.

Noch ein Beispiel aus einer anderen Branche: Der US-Kamerakonzern Eastman Kodak, der die analoge Fotografie entscheidend geprägt hat, ist insolvent, weil er mit der Digitalisierung nie klargekommen ist.

4. Organisation

Aus Umweltveränderungen erwachsen neue Anforderungen an die Organisation. Sie haben in den letzten Jahren die Entwicklung neuer Organisationsmodelle nach sich gezogen: Prozessorganisation, Teamorganisation, Lernende Organisation, Kooperationen und Agile (Flexible) Organisation. Zwei Organisationsmodelle, die für Verlage geeignet sind, den Herausforderungen aus der Umweltdynamik zu begegnen, seien kurz angesprochen: die Divisionale Organisation und die Kooperationen.

Mit der Bildung von Sparten im Rahmen der Divisionalen Organisation gelingt eine bessere Anpassung an die jeweilige Marktsituation bzw. an die Wertketten der Marktpartner. Entsprechendes gilt für die Gestaltung der Unternehmenskultur in den Sparten. Die weitreichende Autonomie der Sparten fördert Motivation und unternehmerisches Verhalten (entrepreneurship) in den Sparten und bietet gute Möglichkeiten der Personalentwicklung. Die Sparten können als Profit Center mit entsprechender Ergebnisverantwortung geführt werden. Eine Steuerung der Bereiche über Kennzahlen ist möglich.

Die Kooperation bietet im Gegensatz zur Akquisition einen wesentlichen Vorteil, nämlich die Flexibilität. Dies gilt sowohl für die Beendigung einer Kooperation, die aufgrund der Selbständigkeit aller Partner weit weniger problematisch ist als bei der Akquisition, als auch für die Schaffung der Kooperation, da die Akquisition sowohl aus rechtlicher Sicht als auch aufgrund des höheren Kapitaleinsatzes und des damit verbundenen Risikos eine längere Vorlaufzeit benötigt. Die Kooperation wird daher auch als Form der Zusammenarbeit mit geringer Bindungsintensität bezeichnet. Ein weiterer Vorteil der Kooperation ist ihre gezielte Einsetzbarkeit. So ist bei der Akquisition häufig nur ein relativ kleiner Anteil der übernommenen Ressourcen für das übernehmende Unternehmen von Interesse, während alle anderen übernommenen Bereiche lediglich zu einer Kapitalbindung ohne zusätzlichen Nutzen führen.

Ein Beispiel für eine gelungene und erfolgreiche Kooperation ist „UTB für Wissenschaft". Der Verleger Roland Ulmer, ein Mitbegründer der UTB, schreibt dazu: „Die Aufgaben der UTB selbst sollten Marketing, Vertrieb und Programm-Organisation sein. Das breite Programm muss durch Vertreter angeboten werden und so angelegt sein, dass mittlere und größere Buchhandlungen auch außerhalb des wissenschaftlichen Bereichs die UTB führen können. Der UTB-Verlag hat das ausschließliche Recht, die UTBs anzubieten und zu verkaufen."[1]

5. Unternehmenskultur

Das Phänomen „Kultur" hat in den letzten Jahren verstärkt Eingang in das Strategische Management gefunden. Zitate von zwei Managern sollen dies belegen:

1. Louis Gerstner, CEO IBM von 1993 bis 2002: „I came to see, in my time at IBM, that culture isn't just one aspect of the game – it is the game."
2. Joe Kaeser, aktueller Vorstandsvorsitzender der Siemens AG: „Culture eats strategy for lunch, wie die Amerikaner sagen, oder in meinen Worten: Nicht die Strategie ist es, die den Unterschied macht, sondern die Kultur eines Unternehmens, seine Werte und wofür es steht."

Welche Wirkungen gehen von der Unternehmenskultur aus? Eine positive Unternehmenskultur

\ begünstigt die Koordination (gemeinsame Orientierungs-muster)
\ fördert die Integration (Wir-Gefühl)
\ steigert die Motivation (Engagement für das Unternehmen)
\ verbessert die Repräsentation (positives Erscheinungsbild eines Unternehmens)

Im Zuge der Erörterung von Planung, Kontrolle, Information und Organisation sind wir bereits auf die Bedeutung der Unternehmenskultur eingegangen. So verlangt beispielsweise die Beachtung schwacher Signale eine Bereitschaft zur Umweltwahrnehmung. Eine Haltung, die in Sätzen wie „dafür bin ich nicht verantwortlich" oder „auf mich hört sowieso keiner" zum Ausdruck kommt, widerspricht dem Anspruch an alle Mitarbeiter, schwache Signale, die auf Diskontinuitäten hinweisen, wahrzunehmen und vor allem im Unternehmen zur Sprache zu bringen und dafür zu sorgen, dass Kritik nicht in der Hierarchie versickert.

---

1 Roland Ulmer: Die UTB – eine nachhaltig erfolgreiche Verlagskooperation, Festschrift für Wolf D. von Lucius, Wiesbaden 2008.

Zum Schluss

Der Katalog von Strategien zur Antwort auf die Herausforderungen für Verlage sollte zeigen, dass es eine Fülle von Ansätzen zur Problemlösung gibt. Und nicht nur das: Diskontinuitäten bergen nicht nur Risiken in sich, sondern bieten auch Chancen. Auch für den Narr Verlag sind also für die nächsten Entwicklungsstufen die Türen offen: Gunter Narr hat ein Unternehmen geschaffen, dem es gelingen kann, gerade dann erfolgreich zu sein, wenn Umbrüche passieren.

1978

Hansjakob Seiler (Hrsg.)
Language Universals (Tagungsband zur Konferenz Gummersbach / Köln 1976)

Seilers Forschungsprojekt UNITYP verschaffte ihm größtes Ansehen und seinen Lesern eine Vorstellung von Sprachen wie Cahuilla.

Verlautbarungen aus dem Imperium

20 Jahre Buchbranche aus Sicht des *Schwäbischen Tagblatts*

Rituale sind wichtig: Sie setzen Meilensteine im unendlichen Fluss der Zeit und markieren entscheidende Wendepunkte im Leben der Menschen und Institutionen. Anlässlich von Geburtstagen, Jubiläen oder Abschiedsfeiern ziehen wir Bilanz, sehen, wo wir stehen, und überlegen, wo wir hinwollen. Die Buchbranche hat zu diesem Zweck ihr eigenes Ritual, das alle Jahre wieder eine Völkerwanderung in Gang setzt: die Frankfurter Buchmesse. Sie ist Dreh- und Angelpunkt des Bücherjahrs, Pflichttermin für jeden Buchmenschen. Hier trifft man sich zum Fachsimpeln, zum Diskutieren, zum Lamentieren und ja, auch zum Feiern. Stets an der Seite der Tübinger Verlage im Messetrubel: das *Schwäbische Tagblatt*. Jeden Oktober entsteht in Frankfurt eine Momentaufnahme, die zeigt, wie es dem Narr Verlag so geht, was gerade wichtig oder demnächst in Planung ist. In der Rückschau ergibt sich daraus ein aufschlussreiches Bild vom Büchermachen und -verkaufen in Zeitungsausschnitten.

Die Gretchenfrage vor gar nicht allzu langer Zeit: Wie halten Sie's mit dem Internet? Im Jahr 2000 hatte der Narr Verlag immerhin schon konkrete Pläne, wie der damalige Cheflektor berichtet: „Den großen Web-Einstieg erwartet Stephan Dietrich [...] für Anfang 2001, mit abrufbaren Inhaltsangaben, Rezensionen, einem Bestellservice. Darauf will Mohr Siebeck zwar noch verzichten", aber dort hatte man immerhin schon mal eine Bestellung per eMail aus Südafrika erhalten ... und der Trend war bekanntlich unumkehrbar.

Nur wenige Jahre später mussten sich die Verlage schon zur nächsten Neuheit positionieren: „Ist das sogenannte E-Book, auf das sich Hunderte, wenn nicht gar Tausende Bücher herunterladen lassen, nun eher ein Fluch oder doch ein (Geschäfts-)Segen?", fragte das *Tagblatt* 2008. Dieses „sogenannte E-Book", das in der

Vorstellung des Journalisten offensichtlich eher ein Reader war, wurde im Narr Verlag bereits dem Praxistest unterzogen: Der Verlag stehe „der neueren Technik offenbar nicht ganz ablehnend gegenüber. Denn auf der diesjährigen Frankfurter Buchmesse präsentiert Narr erstmals seinen eigen [!] E-Book-Shop sowie den web 2.0 relaunch." Der Wahrheit verpflichtet dokumentiert das *Tagblatt* leider auch die Tücken der Technik, die den glanzvollen Start in ein neues Zeitalter digitaler Bücher etwas bremsten: „Und eigentlich sollte das digitale Narr-Zeitalter mit dem gestrigen Tag direktemang mit E-Book-Zugriff starten, wie auf der Narr-Seite www.narr.de angekündigt ist. Gestern zumindest klickte man dort noch vergeblich – kein Wunder, wenn praktisch alle Verlags-Kräfte in Frankfurt auf der weltgrößten Buchmesse gefordert sind." Am Ende werden eben auch eBooks nur von Menschen gemacht und verkauft, wir danken für das Verständnis und haben unseren Shop schlussendlich auch zum Laufen gebracht.

2002: Eine himmelblaue Homepage mit Gebrauchsanleitung für digitale Neuankömmlinge.

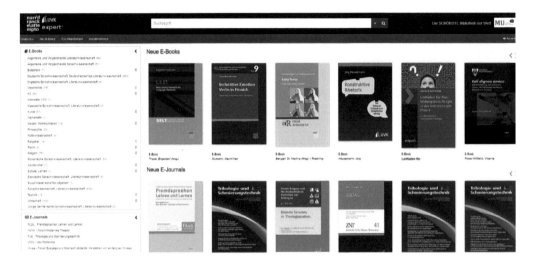

2019: Alle Neuerscheinungen landen als eBooks in unserer neuen eLibrary. Vermutlich wird sie in fünf Jahren schon wieder müde belächelt – umso entschiedener nutzen wir heute die Gelegenheit, sehr stolz darauf zu sein.

2001 war in vielerlei Hinsicht ein hartes Jahr. Zum einen war die Stimmung gedrückt und die Sorge groß, die Anschläge vom 11. September und ihre Auswirkungen waren einen Monat danach noch Thema auf allen Gängen. Zum anderen hatte die Buchbranche durchaus auch eigene Probleme. Pläne für ein neues Urheberrechtsgesetz wurden diskutiert, die Gunter Narrs Einschätzung zufolge „für wissenschaftliche Verlage fast tödlich" gewesen wären. Vielleicht kann mancher sich gerade noch dunkel erinnern, dass die damalige Justizministerin Hertha Däubler-Gmelin ausgesprochen umstritten und unbeliebt war. Mit einigem Rechercheaufwand war zu ermitteln, dass es in einem mehrfach geänderten und 2002 dann verabschiedeten Gesetzentwurf in erster Linie um die Vergütung für Urheber ging. Worin die Lebensgefahr speziell für die wissenschaftlichen Verlage bestanden haben soll, weiß heute niemand mehr. Das lässt hoffen, dass wir auch die neuesten Pläne für ein verändertes Urheberrechtsgesetz überleben werden und in ein paar Jahren nicht mehr wissen, worum es da eigentlich noch mal ging.

Zum Glück gab es 2001 auch freudige Anlässe: Für 25 Jahre Narr Verlag auf der Buchmesse spendierte die Messeorganisation eine Schokotorte.

Im selben Jahr berichtet Gunter Narr dem Reporter des *Tagblatts* auch von Sorgen über die schrumpfenden Etats der Bibliotheken, die das Geschäft mit wissenschaftlichen Monografien gefährden: „Seine drei Verlage sahen sich gezwungen, in den Lehrbuchbereich auszuweichen". Ein schwerer Gang scheint das gewesen zu sein – oder deutet es nur das mitfühlende *Tagblatt* so? 2001 war der Anfang jedenfalls längst erfolgreich gemacht, und heute ist es kaum noch vorstellbar, dass es eine Zeit vor den Lehrbüchern gab. Was wäre der Narr Verlag, was kann er je gewesen sein ohne seine schwarzgelben Studienbücher?

Dagegen zeichnet der Bericht von der Buchmesse 2003 ein sehr beschauliches Bild. Nach dem ersten von vielen Jahrhundertsommern des 21. Jahrhunderts scheint die Buchmesse noch vorrangig mit Sommerlochthemen beschäftigt gewesen zu sein. Die größte Aufregung verursacht der Messebesuch von Dieter Bohlen, von dem man bei Narr freilich nichts mitbekommt: „‚Man fragt sich zwar immer wieder', so Gunter Narr, ‚wie viel Sinn es macht, auf die Buchmesse zu gehen.' Denn gerade auf der wissenschaftlichen Etage der Halle 4 herrscht gediegene Stille." Aber nicht hinzugehen, wäre auch nicht sinnvoll – wer nicht in Frankfurt ist, riskiert Gerüchte und die Besorgnis der lieben Kollegen. Das Tagblatt fasste diesen Mechanismus schon 1987 unter der Überschrift „Verlagspräsenz als Daseinsnachweis" zusammen, und daran hat sich nichts geändert: Wer nicht in Frankfurt ist, und sei es nur in Halle 4, darf getrost vergessen werden. Und so stellen wir uns die Sinnfrage weiterhin und kommen stets zu derselben Antwort. Durch die Neugestaltung der Messehallen haben sich die Wissenschaftsverlage inzwischen immerhin in die deutlich belebtere Halle 3.1 vorgearbeitet. 2003 nutzte Gunter Narr die „gediegene Stille" in Halle 4, um als Gegenprogramm zur Bohlen-Biografie den letzten Band des *Sprachatlas der deutschen Schweiz* zu präsentieren, der 1997 erschienen war – 62 Jahre nach dem ersten Band von 1935. Von ursprünglich acht Autoren hatte nur einer den Abschluss dieses Projekts noch erlebt. Ein langer Atem war beim Büchermachen immer schon von Vorteil.

Der Messestand des Narr Verlags im Jahr 1999: Platz für intensive Gespräche über seriöse Bücher in Halle 4.

1979
Hans-Werner Ludwig
*Arbeitsbuch
Lyrikanalyse*

So erweitert man Zielgruppen (und Horizonte): Hier wurden Vers, Metrik etc. gleich für mehrere Sprachen behandelt.

Was auffällt: Der Verleger Gunter Narr mag selten in das allgemeine Klagelied der Branche einstimmen. 1998 zitiert das *Tagblatt* ihn mit dem denkwürdigen Ausspruch: „Die wissenschaftlichen Bücher sind konkurrenzlos." Dass Studierende sich inzwischen mit Wikipedia und Skripten aus dem Netz begnügen, war vor 20 Jahren natürlich undenkbar – wir möchten es ja heute noch kaum glauben. Ganz so entschieden wie im Jahr 1998 kann sich der Optimismus also nicht mehr äußern, aber die Zuversicht ist geblieben. Ja, die Zeiten werden nicht leichter, räumt Gunter Narr oft ein, aber dem Narr Verlag gehe es trotz allem gut, denn in der Regel hatte er rechtzeitig Vorkehrungen getroffen und Maßnahmen ergriffen, um sich anzupassen. So berichtet er 2009 von reduzierten Produktionskosten, die den Rückgang bei den Buchverkäufen auffangen halfen, und von Änderungen der Vertriebsstrukturen, „,damit wir mehr auf Zielgruppen zugehen.' Inzwischen kann man auch bei Narr direkt ordern." Nur 2011 gab es einen schmerzlichen Einschnitt, als wegen der Finanzkrise die Schweizer Auslieferung geschlossen werden musste – der Wechselkurs des Schweizer Franken ließ dem Verleger keine andere Wahl. Dafür ging es an anderer Stelle rasant voran, es gab Fortschritte bei den eBooks zu verkünden, und die neue Lehrbuch-Reihe *Bachelor Wissen* war gestartet, speziell für die Bachelor-Studiengänge konzipiert und sogar mit einer „eigenen Domain", auf der die Leser die Inhalte in einem „Privatkolloquium" mit dem Autor vertiefen konnten – es war eine Facebook-Seite, aber immerhin.

2015 haben wir es geschafft: Das *Tagblatt* bezeichnet den „Gunter Narr-Verlag mit Sitz in Tübingen-Hirschau" als „kleines Imperium". Da klingt Respekt, aber auch Erwartung durch. Krisen und Umbrüche werden weiterhin auf jeder Buchmesse Thema sein, der Verlag wird sie weiterhin bestehen und ein Mitglied der Familie Narr wird sie jedes Jahr im Oktober für das *Tagblatt* einzuordnen wissen. Imperia sic excelsa fortunae obiacent!

Gunter Narr

Der IBM Composer:
Die Revolution für den Buchsatz

Bücher schreiben mag eine Kunst sein, Bücher machen ist ein Handwerk. Wer als Verleger erfolgreich sein will, muss sich mit Produktionsverfahren befassen und sollte keine Angst vor neuen technischen Entwicklungen haben, auch wenn neue Verfahren immer wieder viel Einsatz an Zeit, Geld und Know-how erfordern.

Zu Beginn der 70er-Jahre des vergangenen Jahrhunderts war das übliche Satzverfahren der Bleisatz. Dieser Bleisatz war ästhetisch sehr schön, er wurde von qualifizierten Setzern, weit überwiegend geschulte Männer, mit Sorgfalt und Ästhetik durchgeführt. Dieser Bleisatz war allerdings auch teuer, aber vor allem dauerte es sehr lange, bis ein Buch gesetzt war.

So kam eine Revolution von IBM auf den Markt, genannt „Composer". Dieses unscheinbare Gerät arbeitete wie eine Schreibmaschine mit angeschlossenem Lochkartengerät. Der Composer war zu seiner Zeit recht teuer, er kostete circa 30.000 DM und musste also über ein Bankdarlehen finanziert werden. Der Vorteil dieses Composers lag darin, dass der Satz überaus schnell vonstattenging. Fehler waren leicht zu korrigieren. Die ausgedruckten Seiten wurden zu größeren Bogen montiert, auf eine dünne Aluminiumfolie übertragen und dann auf einer Offset-Maschine gedruckt. Auf diese Weise konnte ein Buch in maximal 3 Monaten fertig gedruckt und gebunden vorliegen. Die Wissenschaftler waren von dieser Herstellungsart sehr begeistert, denn so konnte ein Buch viel früher am Markt sein als ein in Bleisatz hergestelltes Buch.

Diesen Vorteil der Schnelligkeit haben wir genutzt, das Gerät hatte sich in kurzer Zeit amortisiert und viele Wissenschaftler haben uns Manuskripte angeboten. Der zeitliche Vorteil einer frühen Veröffentlichung war unschlagbar und der IBM Composer in den ersten Jahren einer unserer wichtigsten „Mitarbeiter", bevor die nächste Revolution ihn ablöste. Seine Zeit ist vorbei, aber wir wissen, was wir ihm verdanken und bewahren ihm ein treues Andenken.

1980
Eugenio Coseriu
Textlinguistik

Den gesamten Text
über das einzelne Wort
und den Satz hinaus
zu betrachten, war ein
Zukunftsthema der
Linguistik, bei dem es
durchaus verschiedene
Positionen gab – auch
im Programm des
Narr Verlags etwa bei
Coseriu und Harald
Weinrich (s. Buch des
Jahres 2006).

Und so was steht bei uns einfach im Flur: Eine Schreibmaschine zum Preis eines
gehobenen Neuwagens.

Prof. Dr. Damaris Nübling,
Johannes Gutenberg Universität Mainz

Namen und ihre Besitzer: Rund um Gunter

Es ist kein Zufall, dass wir den Gunter Narr-Verlag für alle drei linguistischen Einführungen gewählt haben, die „Historische Sprachwissenschaft" (2006 bzw. 2017), „Namen" (2012 bzw. 2015) und „Genderlinguistik" (2018). Jedesmal wurden wir höchst kompetent, (str)eng und dabei konstruktiv lektoriert, immer mit den imaginären Studierenden als wichtigste Adressat/inn/en im Kopf. Da eine der Einführungen der Namenforschung gilt, sei für diesen Anlass ein kleiner Ausflug in die Welt der Namen unternommen. Als Onomastin weiß man, dass jeder Name seine eigene Geschichte und immer auch ein paar Rätsel transportiert – so auch der Vorname *Gunter*.

Bei *Gunter* handelt es sich um einen Vertreter der ältesten Namenschicht, nämlich um einen zweigliedrigen germanischen, ursprünglich programmatisch zu verstehenden **Rufnamen**, der Wünsche für das spätere Leben des Neugeborenen enthielt. Zu germanischer Zeit waren diese Wünsche oft kriegerischer Natur – wie auch hier: *Gunt(h)er* geht auf ahd. *gund(i)* ‚Kampf' + *heri* ‚Heer, Heerführer, Krieger' zurück, übersetzbar in ‚ein sich im Kampf bewährender Heerführer'. Die *th*-Schreibung ist die historisch ältere und verweist noch auf das einstige Kompositum. Die Varianten mit und ohne Umlaut gehen auf mit *-i* verfugtes *gundi* + *heri* (> *Günther*) bzw. unverfugtes *gund* + *heri* (> *Gunther*) zurück. Dieses Namenkompositum hat sich somit im Laufe der Jahrhunderte in ein semantisch undurchsichtiges Simplex mit vier Varianten entwickelt – mit und ohne Umlaut sowie mit und ohne <h>-Schreibung. Ein berühmter Namenträger ist König Gunther im Nibelungenlied. Der umlautlose Name war seit dem 12. Jahrhundert vor allem im thüringischen Fürstenhaus Schwarzburg verbreitet – und dies reflektiert noch sein heutiges Vorkommen als Vorname in Deutschland. Grundlage für die folgenden Karten ist das Telefonbuch von 1998, das die Vornamen der bis 1980 geborenen InhaberInnen von Festnetzanschlüssen (im Folgenden

„Tel.") umfasst. Die darin enthaltenen Männernamen muss man mit 2,4 multiplizieren, um die ungefähre Zahl der realen Namenträger zu ermitteln.

Abb. 1 zeigt, dass die *h*-lose Schreibung *Gunter* (blau) mit 13.074 Tel. gegenüber *Gunther* (rot) mit nur 5.700 Tel. dominiert und dass beide umlautlosen Varianten in Sachsen und Thüringen ihren Schwerpunkt haben.

Abbildung 1:
Die Verbreitung von
Gunt(h)er als Vorname im
Jahr 1998

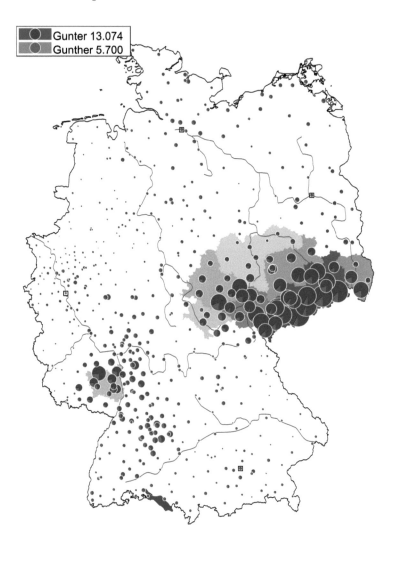

Gunter 13.074
Gunther 5.700

1981
Peter Wunderli
Saussure-Studien

Der Begründer der modernen Linguistik hat seine Sprachwissenschaft nicht selbst zu Papier gebracht, das erledigten nach seinem Tod seine Schüler – viel Raum für Diskussionen, Interpretationen und „Saussure-Studien".

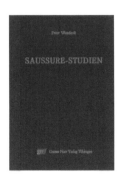

Kartiert man indessen alle vier Varianten, dann ergibt sich die Karte in Abb. 2: Die umlautende Form **Günter** (grün) erdrückt mit über 305.000 Tel. alle anderen Varianten, selbst die nächsthäufige Variante *Günther* mit *h*-Schreibung, die immerhin auf fast 110.000 Tel. kommt. Die Kreissymbole beziehen sich auf dreistellige Postleitzahlbezirke (PLZ). Die Flächeneinfärbungen basieren auf zweistelligen PLZ, d. h. auf größeren Einheiten, und

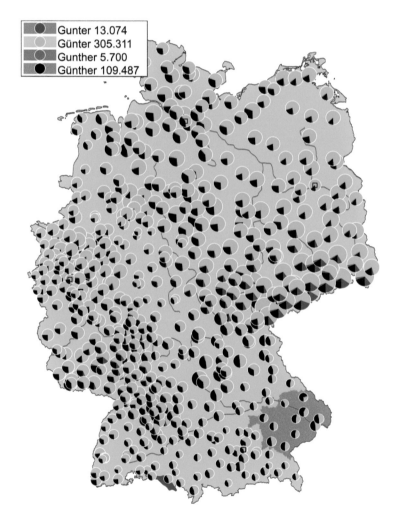

Gunter 13.074
Günter 305.311
Gunther 5.700
Günther 109.487

Abbildung 2:
Die Verbreitung
des Typs GÜNTER als
Vorname im Jahr 1998

weisen die jeweils dominierende Variante aus – also *Günter* durch die grüne Einfärbung, während *Günther* (mit *h*) nur im Südosten die Oberhand gewinnt. *Gunter* (blau) ist in seinem thüringisch-sächsischen Areal gerade noch zu erkennen, während *Gunther* wegen seiner vergleichsweise geringen Tel. überlagert wird. Deshalb muss man beim Kartieren immer darauf achten, Varianten nur dann zu berücksichtigen, wenn sie ähnlich häufig vorkommen. Solche sog. Variantenspektren reflektieren oft alte Dialektalität. Die Varianten zu einem Ursprungsnamen fasst man unter Zugrundelegung der häufigsten Variante zum „Typ Günter" zusammen (s. Abb. 2).

Da es sich bei dem Namentyp Günter um einen alten Namen handelt, ist zu erwarten, dass er auch in die **Familiennamen** eingegangen ist. Viele Söhne bekamen im Mittelalter den Rufnamen ihres Vaters als zusätzlichen Beinamen; solche Beinamen sind spätestens im 15. Jahrhundert zu festen Familiennamen erstarrt, meist unter Beibehaltung ihrer alten Schreibung. Damit konservieren unsere heutigen Familiennamen (spät)mittelalterliche Sprachzustände und Benennungspraktiken, aktuelle Familiennamen-Verbreitungskarten (wie in Abb. 3) spiegeln also historische Verhältnisse. Denn im Gegensatz zu den heutigen Vornamen, die wir unseren Kindern bei ihrer Geburt verleihen, werden Familiennamen seit vielen Generationen und somit Jahrhunderten unverändert vererbt.

Abb. 3 zeigt das Variantenspektrum zu Gunt(h)er / Günt(h)er anhand des Mainzer Familiennamenkorpus (Basis: Tel. von 2005; mehr unter www.namenforschung.net/dfa/projekt/). Die Farbgebung der einzelnen Varianten entspricht der von Abb. 2. Die umlautlosen Varianten *Gunt(h)er* wurden zusammengefasst, da sie mit 197 Tel. nur spärlich vertreten sind. Sie sind auf dem Bild nicht einmal erkennbar, da sie von den ungleich häufigeren ü-Varianten überlagert werden. Interessanterweise dominierte jedoch im Mittelalter offensichtlich die (historisch ‚korrekte') Schreibung mit *h* (*Günther*: schwarz) mit großem Abstand vor der ohne *h* (*Günter*: grün). Nur im Südwesten kommt letztere Schreibung, die heute beim Rufnamen (s. Abb. 2) klar vorherrscht, in einem kleinen Areal etwas häufiger vor. Somit hat *Günther* im Laufe der Jahrhunderte sein (durch die Zusammenziehung von ahd. *gund(i)-her(i)* verstummtes) *h* auch in der Schreibung verloren.

1982

Ulrich Wandruszka
Studien zur italienischen Wortstellung

Es bleibt in der Familie: Der Sohn des neben Coseriu zweiten großen Tübinger Sprachwissenschaftlers Mario Wandruszka hat eine in Forscherkreisen sehr geschätzte Studie verfasst.

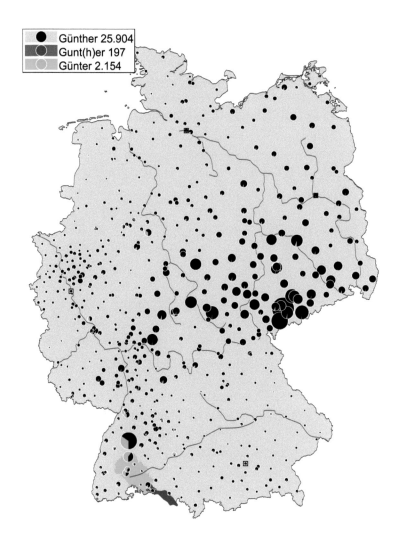

Abbildung 3:
Die Verbreitung des
Typs GÜNTHER als
Familienname im Jahr
2005

Warum – dies ist noch nicht geklärt. Anhand der Größe der Kreissymbole fällt auf, dass dieser Name im Mittelalter seinen Schwerpunkt im Ostmitteldeutschen hatte.

Was die **Konjunkturen** dieses Vornamens betrifft, so ist er im Mittelalter und der Frühen Neuzeit ausgesprochen häufig. Erst nach dem 16. Jahrhundert fällt er ab, um zu Ende des 19. Jahrhunderts wieder anzuziehen. Besonders in den 1920er- und 1930er-Jahren, welcher Kohorte auch der Jubilar gerade noch angehört, war er extrem häufig, meist sogar unter den 10 häufigsten Namen. Dies dokumentiert die Verlaufskurve von *Günt(h)er*, die man auf der Internet-Seite www.beliebtevornamen.de abrufen kann (s. Abb. 4). Sie verfolgt diesen Namen von 1897 bis 1972. Seit den 1950er-Jahren geht der Name wieder stark zurück. Wie alle germanischen Namen wird er heute kaum noch vergeben. Der Verlauf der selteneren umlautlosen Namenvariante *Gunt(h)er* ist leider nicht abrufbar.

Abbildung 4:
Die Verlaufskurve von
Gün(th)er als Vorname
von 1897 bis 1972

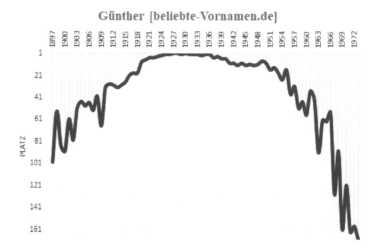

Wenn *Günt(h)er* ein häufiger Name der 1930er-Jahre war, dann ist zu vermuten, dass er auch eine gewisse „Bindestrichfreudigkeit" aufwies, denn diese Dekade stellt die Hochphase sog. **Bindestrichnamen** vom Typ *Karl-Heinz* dar. Von dieser Mode müssten auch *Günt(h)er* und *Gunt(h)er* erfasst worden sein. Die Suche im Vornamenkorpus nach dem Typ *X-Günt(h)er* führt zu 273 Types (mit insgesamt fast 20.000 Tel.), d. h. es existieren 273 unterschiedliche Bindestrichkombinationen. Schließt man über eine sog. Frequenzschwelle diejenigen Bindestrichnamen aus, die nur ein- bis dreimal als Tel. vorkommen, verbleiben 93 Types. Am häufigsten ist *Hans-Günt(h)er* (mehr als 10.000 Tel.), gefolgt von *Heinz-*, *Horst-* und *Ernst-Günt(h)er* mit über 1.000 Tel. Erwartbarerweise seltener ist der Typus *X-Gunt(h)er* mit 79 Types und nur 306 Tokens. Bei Anwendung der oben genannten Frequenzschwelle verbleiben nur 17 Types. *Hans-Gunt(h)er* führt mit 94 Tel., gefolgt von *Heinz-*, *Ralf-* und *Horst-Gunt(h)er*. Da unser Jubilar aber keinen Bindestrichnamen trägt, lassen wir es bei diesem namenkundlichen Exkurs bewenden. Dieser onomastische Blumenstrauß sei ihm mit den besten Wünschen überreicht!

Prof. Dr. Albrecht Greule,
Universität Regensburg

Was es mit dem Narren in Wahrheit auf sich hat

Das genaue Datum meiner ersten Begegnung mit Gunter Narr ist mir nicht mehr präsent; aber sehr wohl habe ich in guter Erinnerung, dass alle Begegnungen mit ihm, auch die jüngsten im Jahr 2018, mit einer Buchpublikation zu tun hatten und er jedes Mal ein offenes Ohr für meine Pläne, weitere Ideen dazu und zu neuen Projekten hatte. Gunter Narr hat in 50 Jahren nicht nur den Narr Verlag zu einem der führenden Wissenschaftsverlage auf dem Gebiet der Sprach- und Kulturwissenschaft ausgebaut, sondern er gehört zu den Verlegern alten Schlages, die mit ihren Buchpublikationen zugleich die Wissenschaft anregen und fördern. Dafür gebührt ihm zu seinem Lebensjubiläum und zum Jubiläum seines Verlags hohe Anerkennung und großer Dank aller, die in den vergangenen 50 Jahren seine Autoren waren.

Beispiele aus meiner persönlichen Erfahrung betreffen in erster Linie die Namenforschung. Das *Ortsnamenbuch des Kantons Bern* erscheint seit 2008 mit dem dritten Band dank der Übernahme in den Narr Verlag in zügiger Abfolge. Die Präsentation des ersten im Narr Verlag herausgegebenen Bandes an der Universität in Bern durfte ich dank Gunter Narr mit einem wissenschaftlichen Vortrag begleiten. Das lebhafte Interesse des Verlegers auch an der Namenforschung und die Förderung derselben blieben nicht auf die Schweiz beschränkt. Auch die Geschichte österreichischer und bayerischer Ortsnamen ist dank dem spontanen Engagement Gunter Narrs mit dem Buch *Baiern und Romanen. Zum Verhältnis der frühmittelalterlichen Ethnien aus der Sicht der Sprachwissenschaft und Namenforschung* im Narr Verlag präsent. Ich übergehe – zu Unrecht –, wie Gunter Narr außerdem die Dialektologie intensiv gefördert hat: Ohne sein mir große Bewunderung abringendes Drängen wäre das Großunternehmen des *Atlasses der deutschen Mundarten in*

Tschechien, dessen Vollendung wir entgegensehen, ein Torso geblieben.

Als äußeres Zeichen der Anerkennung und des Dankes, die dem Förderer der Wissenschaft gebühren, soll eine kurze wissenschaftliche Abhandlung zum Familiennamen *Narr* dienen, den der Verleger seinem Verlag vor 50 Jahren gegeben hat (*Francke* und *Attempto* folgten später) und der sich beim Publikum so eingeprägt hat, dass niemandem auffällt, dass *Narr* mit dem Adjektiv *närrisch* oder *narrisch* zu tun hat (laut *Deutschem Universalwörterbuch* bedeutet es ‚unvernünftig‘, aber auch ‚übermäßig‘) und als Produktname nicht unbedingt werbeträchtig war.

Es charakterisiert die leicht psychologisierende Namendeutung, dass sie Beziehungen zwischen dem Namenträger und der Namenetymologie herzustellen versucht. Der *Atlas der Familiennamen von Baden-Württemberg* lokalisiert die heutige Verbreitung des Familiennamens *Narr* in den Raum um Balingen und Meßstetten (im Südosten des Landes), also in Schwaben südlich von Tübingen, dem heutigen Wirkungsort Gunter Narrs. Historisch wird erstmals anno 1350 *Claus Narr*, Zinsmann zu Stuttgart, erwähnt. Zum Schmunzeln regt der Kommentar zum Namen *Narr* im Familiennamen-Atlas an. Denn der Name bereite keine Deutungsprobleme, „wobei darauf hingewiesen werden muss, dass dies nicht immer böse gemeint war“! Es wird also stillschweigend vorausgesetzt, dass *Narr* ein (spottender) Übername ist und ursprünglich – wie mittelhochdeutsch *narre* – ‚Tor, Unweiser‘ bedeutete und den Namenträger als solchen charakterisierte. J. K. Brechenmacher wird – bereits 1847 – deutlicher, wenn er schreibt: „Die Schelte hat sich, infolge häufigen Gebrauchs, im Schwäbischen zu gemütlicher Anrede verkehrt, und eine tägliche Redensart wie: ‚Narr sei g’scheit‘ besagt weiter nichts als ‚Guter Freund, nimm Vernunft an!‘“ Es gab aber einen weiteren Grund, einem Menschen den Namen *Narr* zusätzlich zu seinem Vornamen als Beinamen zu geben, nämlich den, dass er im Fastnachtsspiel traditionell die Rolle des Narren übernahm. Da der Narr im Spiel als Protagonist auftrat, hätten wir einen Weg gefunden, wie der Name (Gunter) *Narr* in Beziehung zur Namenetymologie steht: Er ist auf der Bühne des

Verlagswesens kein Tor, sondern ganz im Gegenteil ein „g'scheiter Narr", ein Protagonist und ein guter, weiser Freund!

Herzlichen Glückwunsch zum Doppeljubiläum, ad multos annos!

1983
Lew Druskin
Mein Garten ist zerstört. Ausgewählte Gedichte

Der Narr Verlag wendet sich nun auch den schönen Künsten zu. In Tübingen findet der russische Dichter Kunstfreiheit und ein dankbares Publikum.

Lew Druskin
Mein Garten ist zerstört
Ausgewählte
Gedichte

Das
russische
Gedicht
Gunter Narr Verlag

\ **Erlebtes**
Erinnerungen und Anekdoten

Prof. Dr. Nina Janich,
Technische Universität Darmstadt

Der Narr und die Bücher

Ist's denn ein Narr in heut'ger Zeit,
der zum Verlegen ist bereit?
Der auf gedruckte Bücher setzt
und nicht durch Online-Welten hetzt?
Der heut' noch investiert sein Geld
ins Lektorat, das dann auch hält,
was es an Qualität verspricht?
Der Themen plant auf lange Sicht,
der Wissenschaftler motiviert,
Autoren dadurch nicht verliert?
Der Lesestoff für Unis macht,
nicht über Manuskripte lacht?

Es könnte machen glatt den Schein!
Doch welcher Narr könnt' schöner sein?!

Lieber Gunter, darf ich's wagen,
des Metrums wegen „Du" zu sagen?
Und darf ich's sagen, lieber Gunter:
Du machst uns Schreiber wieder munter!
Du hast auch mir so oft vertraut,
hast großzügig stets weggeschaut,
wenn ich die Fahnen umgeschrieben
und Setzer in den Frust getrieben!
Warst mir niemals auch dann nicht bös',
wenn meiner Bücher klein Erlös
bei deinen Konkurrenzverlagen
gelandet, die mich auch mal fragen,
ob ich was schreib' für's Büchermachen.
Du konntest immer Freud' entfachen
an Kooperationsvielfalt,
an vielen Themen, keine alt,

und warst in Freundschaft ganz dabei.
DAS ist mir echt nicht einerlei.

Drum will ich herzlich mich bedanken,
will schicken wunderbar Gedanken,
zum Fest die allerbesten Grüße:
Gesundheit, Frohsinn, Freizeits Süße!
Genieß' die Zeit und auch das Leben –
Von mir viel Gutes – Gottes Segen!

Prof. Dr. Jörn Albrecht,
Universität Heidelberg

Folgenreiche Begegnung

Eine Enthüllungsgeschichte

Es muss auf der B28 gewesen sein, zwischen Tübingen und Un-
terjesingen, nördlich der Hügelkette, an deren südlichem Rand
die allen Freunden des Narr Verlags wohlbekannte Straße nach
Hirschau entlangführt. Ich war auf dem Weg ins Ammertal,
das nordwestlich der von Uhland besungenen, Hirschau beherrschenden Wurmlinger Kapelle liegt, und hatte eine kleine
Autopanne. Zwei auf unterschiedliche Art und Weise gut aus-
sehende junge Männer in einem Auto mit Anhänger kamen
mir spontan zu Hilfe. Der Schaden war schnell behoben. Einer
der beiden trug eine Schiebermütze (so sagte man damals), der
andere war unauffällig gekleidet. Irgendwoher kannte ich beide, förmlich Bekanntschaft schlossen wir jedoch erst anlässlich
dieser Begegnung. Beide erwiesen sich als Kommilitonen, mehr
oder weniger weit fortgeschrittene Studenten der Romanistik,
wie ich selbst. Bei dem Herrn mit der Schiebermütze handelte
es sich um Rudolf (Rudi) Windisch, der sich später (wie man
durch Blättern in dieser Festschrift unschwer feststellen kann) zu
einem überragenden Kenner der Ostromania entwickeln sollte.
Die Identität des anderen kann aus erzähltechnischen Gründen
an dieser Stelle noch nicht preisgegeben werden. Er war Fakul-
tätsassistent, eine Respektsperson. Man sah ihm damals schon
an, dass er es weiter bringen würde als unsereiner. Der Vorfall
dürfte sich zu der Zeit zugetragen haben, als der Nachdruck von
Georg von der Gabelentz' Buch *Die Sprachwissenschaft* in Arbeit
oder bereits erschienen war. Mit diesem Band wurde die Reihe
Tübinger Beiträge zur Linguistik (TBL) begründet, die inzwischen
auf bald sechshundert Bände angewachsen ist. Der erste Band
enthält einen Aufsatz eines berühmten Tübinger Linguisten mit
Migrationshintergrund, eine Arbeit, die vor allem bei Wissen-
schaftshistorikern einiges Aufsehen erregt hat. Der Autor dieses

„Traurig tönt das Glöcklein nieder, Schauerlich der Leichenchor" – ganz klar die heimliche Hymne Hirschaus.

Aufsatzes, von dem noch öfter die Rede sein wird, war für alle drei an der hier geschilderten Begebenheit Beteiligten von kaum zu überschätzender Bedeutung.

Nun wird es Zeit für mich, von der chronologischen Darstellung abzuweichen, um mich nicht dem heutzutage in einem solchen Fall schnell erhobenen Vorwurf der Einfallslosigkeit auszusetzen. So werde ich mich meinem eigentlichen Thema beherzt aus egozentrischer Perspektive nähern, wohl wissend, dass ich mir dadurch Vorwürfe anderer Art einhandeln könnte: Meine Doktorarbeit erschien 1970 unter dem Titel *Le français langue abstraite?* als Bd. 10 der eingangs erwähnten Reihe *Tübinger Beiträge zur Linguistik*; die vierte Auflage meiner Bearbeitung einer Vorlesung Eugenio Coserius über „Textlinguistik" als Bd. 500 derselben Reihe. Bd. 10 enthält zwar den Hinweis auf einen gewissen Gunter Narr als Herausgeber der Reihe, aber noch keinen Verlagsnamen. Die Bibliotheken behelfen sich mit der Angabe *Fotodruck Präzis*. Bd. 500 trägt die Bezeichnung *Gunter Narr Verlag Tübingen* auf dem Umschlag; in dem für bibliographische Angaben maßgebenden Impressum steht jedoch *Narr Francke Attempto Verlag*. Bei einem Ende 2018 erschienenen umfangreichen Band zur *Europäische[n] Übersetzungsgeschichte*, den ich zusammen mit einer jüngeren Kollegin verfasst habe, befindet sich diese Bezeichnung in graphisch verrätselter Form bereits auf dem Umschlag. Damit wären wir *in medias res* angekommen. Reinhard Meisterfeld – es wird auf ihn zurückzukommen sein – hätte einen Autor, der sich bemüht, direkt zum Kern der Sache zu kommen, mit einer präziseren Fassung des Zitats charakterisiert: *semper ad eventum festinat et in medias res*. Nun also zum Ereignis, um das es geht: Es gilt das fünfzigjährige Bestehen des Gunter Narr Verlags zu würdigen und gleichzeitig einen runden Geburtstag seines Gründers zu feiern, der naturgemäß noch etwas weiter zurückliegt. Genauere Angaben verbieten sich aus Gründen des Datenschutzes. Am besten kommt man dieser Aufgabe nach, wenn man über einige Bücher und ihre Autoren berichtet. Und dabei empfiehlt es sich, die egozentrische Perspektive konsequent beizubehalten, denn nur so lässt sich das Übergehen bedeutsamer Werke und ihrer Verfasser wenn schon nicht entschuldigen, so doch erklären. Der Akzent wird also auf Veröffentlichungen liegen, die ich verfasst, angeregt und betreut habe, und auf solchen, die nicht von mir sind, die ich jedoch gerne geschrieben hätte. Wenn alle hier vertretenen Autoren ähnlich verfahren, wird sich im vorliegenden Band ein einigermaßen vollständiges Bild ergeben.

Nun aber wirklich *in medias res*: „La langue naturelle de Charlemagne étoit certainement la Tudesque …" (*Lingua et Traditio*, Bd. 1, [77]). Dieses Zitat stammt aus einer von mir 1975 herausgegebenen Sammlung von Abhandlungen des französischen Historikers Pierre-Nicolas Bonamy. Sie ist in der von Hans Helmut Christmann und Eugenio Coseriu begründeten und von Gunter Narr verlegten Reihe *Lingua et Traditio* erschienen. Mit dem oben wiedergegebenen Zitat hätte ich mir fast das Wohlwollen meiner patriotischen französischen Freunde verscherzt. Man versuchte mich davon zu überzeugen, dass Aix-la-Chapelle, wie schon der Name zeige, eine urfranzösische Stadt sei, in der Karl der Große als französischer König residiert und französisch gesprochen habe. Erst später sei die Stadt germanischen Invasoren zum Opfer gefallen. Aus dieser Anekdote geht im Hinblick auf die hier verfolgten Ziele zweierlei hervor: In seiner Frühzeit war der Gunter Narr Verlag noch sehr stark auf die klassische historische Romanistik hin ausgerichtet, sonst hätten die Abhandlungen eines französischen Historikers, die man aus heutiger Sicht der Vor- und Frühgeschichte der Romanistik zurechnen darf, dort nicht erscheinen können. Zudem stand der Verlag am Anfang unter dem nahezu beherrschenden Einfluss des aus Bessarabien stammenden, nach Tübingen berufenen Linguisten Eugenio Coseriu (die rumänische Form seines Namens Eugeniu Coşeriu hatte er auf dem Weg nach Westen abgelegt). Tüchtige Schüler wie Hansbert Bertsch, Gisela Köhler, Uwe Petersen und – *last but not least* – der Verleger selbst sorgten mit kenntnisreich kommentierten Ausgaben von Arbeiten des Meisters dafür, dass die Reihe *Tübinger Beiträge zur Linguistik* ins allgemeine Bewusstsein der Fachwelt gelangte und dass Coseriu nun auch außerhalb der spanischsprachigen Welt zu einem Begriff wurde.

Dieses Bild des Verlags hat sich später geändert. Zwar spielt die Romanistik im Gesamtprogramm der Verlagsgruppe immer noch eine wichtige Rolle, aber die Beiträge zur klassischen, historisch orientierten romanischen Philologie sind selten geworden. Die wenigen verbliebenen Vertreter dieser Disziplin warten un-

1984
Andres Max Kristol
Sprachkontakt und Mehrsprachigkeit in Bivio (Graubünden)

Ab jetzt heißt es „Narr Francke". Viele namhafte Schweizer Autoren bereichern das Programm, darunter der hoch angesehene Sprachwissenschaftler Kristol mit einer Studie über ein sieben(!)-sprachiges Dorf.

geduldig auf die Fortsetzung der Veröffentlichung der groß angelegten Vorlesungsnachschrift zur *Geschichte der romanischen Sprachwissenschaft*. Aus dieser Vorlesung hatte ich damals die Anregung für meine Bonamy-Ausgabe erhalten, von der soeben die Rede war. Der erste Band dieser Vorlesungsreihe, *Von den Anfängen bis 1492*, ist 2003, kurz nach dem Tod Coserius, in einer überaus sorgfältigen, mit zahlreichen Ergänzungen versehenen Bearbeitung von Reinhard Meisterfeld erschienen. Gunter Narr war persönlich sehr an einem zügigen Erscheinen der weiteren geplanten Bände gelegen und er hat, einmal in meiner Gegenwart, den Bearbeiter eindringlich zur Weiterarbeit aufgemuntert. „Doch die Verhältnisse, sie sind [bzw. waren] nicht so.“ Meisterfeld hatte, wohl vor allem aus gesundheitlichen Gründen, eine „Schreibblockade“. Als ich ihn nach seiner schweren Operation im Pflegeheim besuchte, teilte er mir mit, seine Arbeit am zweiten, seit langem unter dem Titel *Von Nebrija bis Celso Cittadini* angekündigten Band sei noch nicht bis zur Publikationsreife fortgeschritten. Daran hat sich auch nach seinem Tod nichts geändert. Die Fortsetzung der Reihe, wie angekündigt bis zu Wilhelm Meyer-Lübke, ist ein dringendes Desiderat. Noch gibt es einige Coseriu-Schüler, die über die notwendigen Voraussetzungen dafür verfügen, diese Arbeit zu leisten. Für den Verlag geht es dabei gewiss nicht in erster Linie um wirtschaftlichen Erfolg, sondern um Reputation und Traditionspflege. Von dem anfangs beherrschenden Einfluss Coserius auf das Verlagsprogramm ist heute nur wenig übriggeblieben. In drei neueren, mehr oder weniger willkürlich herausgegriffenen Veröffentlichungen der Verlagsgruppe, Radegundis Stolzes *Übersetzungstheorien* (³2001), Hans-Jürgen Heringers *Linguistik nach Saussure* (2013) oder Holger Sievers *Übersetzungswissenschaft* (2015) wird Coseriu nicht einmal erwähnt, obwohl er einiges zu den behandelten Themen beigetragen hat. Das ist nicht als Kritik zu verstehen. Die Zeiten ändern sich, und ein Verlag hat diesen Änderungen Rechnung zu tragen. Darüber hinaus hat jedoch ein im besten Sinne der Redewendung „in die Jahre gekommener“ Verlag auch die Pflicht, sich bei gegebenem Anlass seiner Anfänge zu entsinnen.

Meine eigene Pflicht, als Chronist meiner Aufgabe gewissenhaft nachzukommen, zwingt mich nun zu einem brüsken The-

Sehr richtig, und wir dürfen hoffen: Der zweite Band ist in Arbeit!

menwechsel, der durch ein etwas längeres Zitat eingeleitet werden soll:

> Ich sollte endlich mit dieser Zeitungsleserei aufhören, dachte Kirrmaier, immer dieselben Rezensenten, dieselben Wendungen, ja dieselben Bücher, hatte man allmählich den Eindruck. „Schnee fällt auf die Hüte" – ob dieser Satz wohl jemals geschrieben oder gesagt worden war, auf deutsch oder in irgendeiner anderen Sprache? Der zweite Satz fügte sich nahtlos an: „die Köpfe sind längst ab" – voilà, da kroch ja ein Gedicht aus Kirrmaiers Innern hervor und steckte keck den Kopf in den Bücherfriedhof hinein, in dem sein Schöpfer, sein Creator ex nihilo, saß, um sich auf seine Prüfung vorzubereiten. (Schnee fällt auf die Hüte, 11)

Ja, dieses Zitat stammt aus einer Publikation des Gunter Narr Verlags, der sich damals, obschon immerhin bereits ein Teenager, noch in seiner Orientierungsphase befand. Es handelt sich um eine Textsorte, die sich heute eines beachtlichen Erfolgs auf dem Buchmarkt erfreut, um den regionalen Kriminalroman. In der im Werbetext erwähnten „kleine[n] deutsche[n] Universitätsstadt mit ihren liebenswerten, aber auch skurril-unheimlichen Seiten" wird jeder Leser, der nur wenige Tage dort zugebracht hat, schon auf den ersten Seiten Tübingen erkennen. Es gehört nicht zu meinen Aufgaben, auch nur anzudeuten, was sich in dem 1983 erschienenen, sehr kurzen Roman so alles ereignet, aber weiterführende Spekulationen seien mir gestattet: Hätte der Verleger diesen zögerlichen Versuch weiter verfolgt, so hätte sein Verlag heute ein völlig anderes Gesicht.

Es wird Zeit, noch etwas über das heutige Gesicht des Verlages und der Verlagsgruppe zu berichten. Aus der egozentrischen Perspektive werde ich mich dabei nur ansatzweise lösen können. Mit der Teilnahme des zur Verlagsgruppe gehörigen Francke Verlags am Programm der Universitätstaschenbücher (UTB) wurde das Themenspektrum beträchtlich erweitert. Mein ursprünglich für die Wissenschaftliche Buchgesellschaft in Darmstadt verfasstes Buch *Europäischer Strukturalismus* ging im Zuge einer Kooperation beider Verlage in zweiter Auflage zum Francke Verlag über (UTB 1487). Viel später ist dann die dritte, gründlich überarbeitete und erweiterte Auflage als Bd. 501 in der schon mehrfach erwähnten Reihe TBL erschienen, einer Reihe, die nicht wie die Universitätstaschenbücher auf besonders hohe Absatzzahlen angelegt ist. Nur mit dieser bewusst auf einen begrenzten Leserkreis zugeschnittenen Ausgabe bin ich nun wirklich zufrieden.

Die Rolle der feurig roten UTB-Bände des Francke Verlags wurde inzwischen in immer größerem Umfang durch die zunächst fast einheitlich schwarzen, später durch stärkere Gelbanteile aufgehellten Studienbücher des Narr Verlags übernommen. Mein Studienbuch *Übersetzung und Linguistik* ist in beiden Aufmachungen erschienen. Auch in diesem Fall bin ich nur mit der späteren, erweiterten und verbesserten Neuauflage einigermaßen zufrieden – von den freundlicheren Gelbtönen einmal abgesehen. Dem Verleger sei an dieser Stelle dafür gedankt, dass er – nicht nur in meinem Fall – Autoren die Möglichkeit gibt, ihren Veröffentlichungen nach einiger Zeit eine zweite Chance zu geben. Wenn ich die Studienbücher des Narr Verlags in meinen Regalen überblicke, so fällt mein Blick immer wieder auf Carsten Sinners *Varietätenlinguistik*. Leider nicht von mir – aber genau so, wie ich das Buch gerne geschrieben hätte.

Über den Reihentiteln sollten die Einzelveröffentlichungen außerhalb der Reihen nicht vergessen werden. Die von mir betreute Doktorarbeit von Katrin Zuschlag *Narrativik und literarisches Übersetzen* (2002), die von mir angeregte Habilitationsschrift von Iris Plack *Indirekte Übersetzungen* (2015) und die von mir zusammen mit Iris Plack verfasste *Europäische Übersetzungsgeschichte* (2018) behandeln Fragen der literarischen Übersetzung (z. T. durchaus aus linguistischer Sicht), für die sich nur ein begrenzter Kreis von Lesern interessieren dürfte, wenn auch das zuletzt genannte Werk sich nicht ausschließlich an ein Fachpublikum wendet. Besondere Beachtung unter den Einzelveröffentlichungen verdient Peter Wunderlis als zweisprachige Ausgabe vorgelegte Neuübersetzung des *Cours de linguistique générale* von Ferdinand de Saussure (2013). Wenn auch an der Übersetzung selbst, wie das bei liebenswerten Fachkollegen nun einmal üblich ist, der eine oder andere Passus bekrittelt werden dürfte, so ist doch der mustergültige kritische Apparat geeignet, Orientierung im ausufernden Gestrüpp der Saussure-Literatur zu bieten. Mit der Herausgabe dieser Arbeit eines seiner besonders fruchtbaren Autoren (vgl. TBL 62; 92; 148; 175; zusammen fast 1500 Seiten) knüpft der Verlag an seine große linguistische Tradition an und wird zudem seiner Aufgabe gerecht, bei der Buchproduk-

1985

Christoph Schwarze
Bausteine für eine italienische Grammatik

Aus der geplanten Reihe wurde leider nichts, umso wertvoller ist ihr erster und einziger Band.

CHRISTOPH SCHWARZE (Hrsg.)

Bausteine für eine italienische Grammatik
Band I

gn Günter Narr Verlag Tübingen

tion nicht nur auf Werke mit großem Absatz zu sehen, sondern gelegentlich auch Referenzwerke vorzulegen, die dem Wissenschaftsbetrieb dienen.

Schließlich soll hier noch einiger Verlagsautoren gedacht werden, die an den Feierlichkeiten nicht mehr teilnehmen können. Von Reinhard Meisterfeld (1940–2017) war schon mehrfach die Rede. Karl Peter Linder (1941–1998) hat uns schon vor seinem Lehrer Coseriu verlassen. Mit seiner Arbeit zum Rätoromanischen (TBL 9) hat er das romanistische Spektrum des Verlags um eine wenig beachtete ‚Kleinsprache' bereichert. Auch Brigitte Schlieben-Lange (1943–2000) ist ihrem Lehrer vorausgegangen. Ihre Schülerin Sarah Dessì Schmid hat 2010 einen Gedächtnisband mit kleineren Schriften im Narr Verlag herausgegeben. Horst Geckeler (1935–2002), einer der treuesten Wegbegleiter des Meisters, ist mit Aufsätzen zur sogenannten „Strukturellen Semantik" in verschiedenen Bänden der TBL-Reihe präsent. Das gilt auch für Wolf Dietrich, der, obwohl er sich glücklicherweise bester Gesundheit erfreut, in diesem Zusammenhang als einer der genauesten Kenner der Ideen seines Meisters erwähnt werden muss: Sein zusammen mit Ulrich Hoinkes herausgegebener Band *Kaleidoskop der Lexikalischen Semantik* (TBL 428) geht in thematischer Hinsicht weit über die Semantik der Coseriu-Schule hinaus. Es fällt mir besonders schwer, an dieser Stelle einen Weggenossen nennen zu müssen, von dem ich angenommen hatte, dass er mich um mindestens zehn Jahre überleben werde: Jens Lüdtke (1941–2019) ist im Verlagsprogramm nicht nur mit dem theoretisch anspruchsvollen Band *Sprache und Interpretation* (TBL 237) präsent; er hat auch mit dem Bändchen *Die romanischen Sprachen im ‚Mithridates' von Adelung und Vater* (*Lingua et Traditio*, Bd. 4) einen wichtigen Beitrag zur Wissenschaftsgeschichte geliefert.

Nun noch einmal zurück zu den beiden hilfsbereiten Herren, die ihren Auftritt am Anfang dieser Geschichte hatten, die notgedrungen keiner homogenen Diskurstradition folgt. Von „jungen Männern" kann man heute beim besten Willen nicht mehr reden, doch als „gut aussehend" darf man auch heute beide noch ohne jede Schmeichelei bezeichnen. Ich wüsste nur allzu gerne, welche Kosmetikprodukte sie verwenden. Aber das werden sie mir bestimmt nicht verraten.

Hans Joachim Madaus,
Walddorf-Häslach

Aus der Werkstatt und dem Steinbruch

> „Die Freundschaft fließt aus vielen
> Quellen, am reinsten aber aus dem
> Respekt."
>
> *Defoe*

Lieber Gunter,

im Lauf der Jahrzehnte – so lange dauert unsere Freundschaft
nun schon – ist deine Kunstsammlung so umfangreich geworden, dass damit mühelos ein Museum bestückt werden könnte.
Du hast Arbeiten von meinen Anfängen 1970 bis heute. Solche
Sammler sind ein Segen für die Künstler.

> \ *Das Museum existiert bereits. Das Verlagsgebäude ist nur Tarnung, um Kunsträuber zu täuschen.*

Außer deiner Gemäldesammlung nennst du auch eine beachtliche Skulpturensammlung dein Eigen. Dank der Aufträge
von dir und einigen anderen Skulpturen-Liebhabern konnte
ich zwischen 1993 und ca. 2007 jedes Jahr – jeweils in den
Sommermonaten – mit herrlichem Material arbeiten, nämlich
mit Marmor aus Carrara und dem rein weißen Marmor aus
Patras. Carrara-Marmor ist mir der liebste, weil er sehr ange-
nehm zu bearbeiten ist. Der Marmor einer deiner Statuen stammt
aus Pietrasanta: Dieser Steinbruch wurde von Michelangelo angelegt, als er Marmor für Aufträge des Papstes brechen musste,
und er ist noch heute in Betrieb!

Was fasziniert mich an der Bildhauerei? Einen Stein zu bearbeiten, ist für mich jedenfalls eine einzige Aufregung und verursacht ständiges Herzklopfen. Wenn Michelangelo gesagt hat,
die Figur stecke im Stein, man müsse sie nur herausholen, dann
ist damit nichts Vordergründiges gemeint: Die Seele der Figur
steckt vielleicht im Stein, aber sie erschließt sich langsam und

Hans Joachim Madaus: Auf Goethes Spuren in Sizilien

mühsam, und der Stein spricht sozusagen immer mit. Man muss jeden Schlag behutsam und doch kraftvoll führen, und es besteht immer die Gefahr, dass etwas abbricht. Und die Figur, die letztlich zutage tritt, ist nichts von Anfang an Gewolltes. Man könnte in Abwandlung von Michelangelos Aussage auch sagen, sie wird nicht vom Stein befreit, sondern sie wird eher hineingearbeitet.

Wie du ja weißt, arbeite ich im Moment an einem neuen Zyklus. Goethe hat es mir wieder angetan. In den 90er Jahren habe ich bereits einen kleinen Zyklus über „Goethe in Weimar" und einen größeren zum Thema „Faust" gemacht. In deiner Sammlung befinden sich einige Arbeiten daraus (vor allem Bleistiftzeichnungen). Nun also eine neue Herausforderung!

Goethe wollte ja sein italienisches Reisetagebuch ursprünglich mit Illustrationen von sich, Tischbein und Kniep gestalten, woraus aber nichts geworden ist. Ich möchte nun sozusagen als Reminiszenz ein Reisetagebuch (auf Goethes Spuren in Italien) in Angriff nehmen. Das erste Bild mit sizilianischen Motiven ist bereits fertig. Wie sich die Integration von Bild und Wort im Einzelnen gestalten wird, bedarf aber noch vieler Überlegungen!

Prof. Dr. Wilfried Kürschner,
Universität Vechta

Betreff: Dank und Gruß –
E-Mail mit Fußnoten

Datum: 2018-01-02, 12:00
An: Gunter Narr <narr@narr.de>

Lieber Gunter,

über das Weihnachtsgeschenk und die Grüße, die du zusammen mit deiner Frau[1] und deinem Sohn[2] mir und Christa[3] hast zukommen lassen, habe ich mich sehr gefreut. Nun dreht sich der „Rotary Candle Holder"[4] unterm Weihnachtsbaum und erinnert mich an die gute Zusammenarbeit, die wir seit Jahrzehnten miteinander hatten. Dafür möchte ich mich noch einmal ganz herzlich bei dir bedanken. Es begann 1971 mit der erfreulichen Nachricht von dir als damaligem Dekanatssekretär[5] (ob das der korrekte Titel war, weiß ich allerdings nicht mehr), dass ich die durch den Weggang von Bernd Insam[6] frei gewordene Assistentenstelle am Lehrstuhl Werner[7] als Verwalter besetzen könne; das ermöglichte mir ein entspanntes Arbeiten an der Dissertation[8].

1   Sonja Narr, Geschäftsführerin der Narr Francke Attempto Verlag GmbH + Co. KG.
2   Robert Narr, Prokurist der Narr Francke Attempto Verlag GmbH + Co. KG.
3   Christa Kürschner-Ledebrink, meine Frau.
4   „Karussellteelichthalter".
5   Des damaligen Fachbereichs Neuphilologie der Universität Tübingen.
6   Bernd Dieter Insam war später bis 2008 wissenschaftlicher Mitarbeiter in der Kommission für Mundartforschung der Bayerischen Akademie der Wissenschaften. Zusammen mit anderen bearbeitete er die Bände I (2002) und II (2012) sowie das Orts- und Quellenverzeichnis (1985) dieses Wörterbuchs.
7   Otmar Werner (1932–1997), 1968–1975 o. Professor für Deutsche Philologie (Linguistik) in Tübingen, 1975–1997 o. Professor für Vergleichende Germanische Philologie und Skandinavistik in Freiburg.
8   „Zur syntaktischen Beschreibung deutscher Nominalkomposita. Auf der Grundlage generativer Transformationsgrammatiken" (Linguistische Arbeiten. 18) (Tübingen: Niemeyer, 1974). Promotion 1973 in Tübingen.

Unser Beitrag zur Weihnachtsstimmung 2017. Problem: Das filigrane Konstrukt eignet sich nicht für Batteriebetrieb. Dank Brandschutz herrscht in Hochschulbüros leider Stillstand.

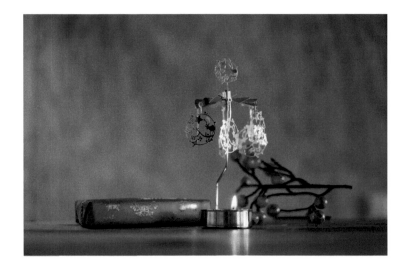

1982/83 hast du meine Habilitationsschrift[9] in deinen Verlag aufgenommen, obwohl die DFG[10] keinen Zuschuss gewährte, und 1988/89 das „Grammatische Kompendium"[11] auch gegen Bedenken der übrigen Verlage (wie schön, dass die Auflagenzahl und -höhe[12] bestätigt, wie richtig du mit deiner Einschätzung lagst). Bei derselben Gelegenheit, der Tagung der DGfS[13] in Wuppertal, haben wir beschlossen, das „Linguisten-Handbuch"[14] in Angriff zu nehmen, das dann sechs Jahre später fertiggestellt war. Wie gut, dass es erstens den Mauerfall und das Ende des Ostblocks gab, was den Einbezug so vieler Kollegen[15] ermöglichte, und dass zweitens das Internet noch nicht existierte. Heute würde man

9   „Studien zur Negation im Deutschen" (Studien zur deutschen Grammatik. 12) (1983). Habilitation und Venia Legendi 1979/80 in Freiburg. 1980 Berufung auf den Lehrstuhl für Allgemeine Sprachwissenschaft und Germanistische Linguistik an der Abteilung Vechta der Universität Osnabrück (jetzt Universität Vechta), 2010 Emeritierung.
10 Deutsche Forschungsgemeinschaft.
11 „Grammatisches Kompendium. Systematisches Verzeichnis grammatischer Grundbegriffe" (UTB. 1526).
12 1. Aufl. 1983: 3000 Ex., 2. Aufl. 1993: 4000 Ex., 3. Aufl. 1997: 4080 Ex., 4. Aufl. 2003: 3000 Ex., 5. Aufl. 2005: 2500 Ex., 6. Aufl. 2008: 3000 Ex., 7. Aufl. 2017: Ex. nach Bedarf.
13 Deutsche Gesellschaft für Sprachwissenschaft.
14 „Linguisten-Handbuch. Biographische und bibliographische Daten deutschsprachiger Sprachwissenschaftlerinnen und Sprachwissenschaftler der Gegenwart. Band 1: A–L, Band 2: M–W und Register" (1994).
15 Insgesamt enthalten sind Einträge von mehr als 1600 Linguisten, davon 1493 mit einem Porträtfoto.

ein solches Projekt wohl nicht mehr wagen. Es folgten zwei Sammelbände,[16] und besonders gefreut habe ich mich, dass die mir gewidmete Festschrift[17] bei Narr erschienen ist.

Das musste einmal gesagt werden. Dir, deiner Frau und deinem Verlag, den nun dein Sohn weiterführt, fürs angebrochene Jahr und darüber hinaus alle guten Wünsche, auch von Christa

dein Wilfried

1986
Anna Laura und Giulio
Lepschy
Die italienische Sprache

Die Italianistik boomt
und es gibt kein
brauchbares Lehrbuch?
Kein Problem, bei
Narr erscheint ein
Standardwerk in
Übersetzung.

16   „Linguistik jenseits des Strukturalismus. Akten des II. Ost-West-Kolloquiums, Berlin 1998." Herausgegeben von Kennosuke Ezawa, Wilfried Kürschner, Karl H. Rensch und Manfred Ringmacher (2002); „Beiträge zur Gabelentz-Forschung." Im Auftrag der Ost-West-Gesellschaft für Sprach- und Kulturforschung e. V. Berlin herausgegeben von Kennosuke Ezawa, Franz Hundsnurscher und Annemete von Vogel in Zusammenarbeit mit Wilfried Kürschner und Heinrich Weber (2014).
17   „Grammatik – Praxis – Geschichte. Festschrift für Wilfried Kürschner." Herausgegeben von Abraham P. ten Cate, Reinhard Rapp, Jürg Strässler, Maurice Vliegen, Heinrich Weber (2010).

Johannes Kabatek,
Universität Zürich

Gunter Narr und der Tübinger Geischt

Erst vor wenigen Tagen wieder hatte ich eine solche Diskussion, die im Nichts verlief: Eine Kollegin, die vor einiger Zeit Tübingen verlassen hatte, schrieb mir angesichts meines Abschiedsumtrunks in der Schwabstrasse (wo Gunter Narr und ich nur ein paar Steinwürfe voneinander entfernt wohnten), dass Tübingen doch langweilig und provinziell und viel zu öko sei und ich froh sein könne, nun woanders hinzuziehen. Und ich widersprach aufs Heftigste und gab ihr Argumente, weshalb Tübingen einfach schon die schönste Stadt der Welt und im Grunde deren Zentrum ist. Das wurde trotz des Ernstes der Aussage dann belächelt, und ich fuhr weitere Geschütze auf wie die Tatsache, dass hier die Wiege der menschlichen Kultur liegt (na ja, zumindest auf dem Schloss und aus nicht allzu fernen Höhlen die ältesten bekannten Kunstgegenstände, Mammut, Venus und Flöte). Und dann Hölderlin und Hegel und so weiter. Und immer noch Lächeln. Da brachte ich mein stärkstes Argument, den Geischt.

Ein angehender Journalist, ein Praktikant beim *Schwäbischen Tagblatt*, hatte mich einmal nach einer der Wiederkehren nach Tübingen (man kehrt nach Tübingen immer zurück) gefragt, was ich denn an Tübingen so besonders fände. Auch so ein Lächler (ich kam aus Freiburg, und das ist ja für viele ein anderes Kaliber). Der Geischt. Ja, das ist Hegel und Hölderlin und Fuchs und Melanchthon, aber die sind eigentlich nur Früchte des Geischtes, der da schwebt über dem Ort und manche ansteckt (und andere nicht).

Um ehrlich zu sein: Auch ich spürte das nicht von Beginn an. Ich merkte es erst im Ausland. ¿De dónde vienes? – De Tubinga. – ¡Aaah! Dieses Aaah war es, durch das ich lernte, so etwas wie Stolz auf Tübingen zu entwickeln. Es war natürlich meist ein Aaah von Romanisten, ein Aaah von Linguisten, die Coseriu kannten oder von ihm gehört hatten. Oft aber war es nur ein Aaah von Lesern: von Leuten, die Tübingen kannten, weil das einer der wichtigen Orte war, an denen Bücher produziert wurden, wichtige Bücher. Nun gab es da Niemeyer und Mohr Siebeck, aber es gab auch Gunter Narr, später dann Narr Francke Attempto, dafür leider kein Niemeyer mehr ... es gab die *Tübinger Beiträge zur Linguistik*, es gab *Lingua et Traditio* und manche andere Reihe. Gunter Narr ist dadurch sozusagen ein weltweiter Katalysator des Tübinger Geischtes, und das ist wichtig. Nicht wegen Tübingen als Ort, nicht wegen irgendeines lokalen Patriotismus oder wegen irgendeiner mitunter hagiographischen Verehrung einzelner Individuen. Nein, es ist wichtig wegen des Geischtes selbst, der im Grunde über, oder besser: hinter allem steht. Es ist die alles hervorbringende Kraft, welche die unaufhaltsame Suche nach dem Objekt nährt (mein erstes Narr-Buch zitierte im Titel das platonisch-coserianisch-utopische „Die Sachen sagen, wie sie sind ...") und diese zugleich mit einer radikalen Forderung nach Freiheit verbindet, denn nur der so weit als irgend möglich ungehinderte Weg verspricht Erfolg.

Symbol für diesen Geischt ist also der Ortsname, der im Impressum der inzwischen unzähligen Bücher steht und der durch diese Nennung hinausgetragen wird wie eine Botschaft. In wie vielen Büchern findet man (um im Ländle zu bleiben) den Namen „Heidelberg" oder „Freiburg"? In Stuttgart gibt es den Motorbuchverlag und Reader's Digest, und es gab Ehapa. Hegel war aus Stuttgart. Aber Geischt?

Gunter Narr hat es mit unternehmerischem Geschick geschafft, den Tübinger Geischt zu verbreiten. Ich freue mich, mit der Bachelor-Wissen-Idee und mit verschiedenen Projekten, vor allem vom Coseriu-Archiv aus, ein wenig mit dabei gewesen sein zu können und hoffentlich auch in Zukunft dabei zu sein. Zum Runden wünsche ich Verlag(en) und Verleger alles Gute und *ad multos annos*!

Die Kollegen vom Winter Verlag machen schon das Beste aus Heidelberg. Aber es ist halt nicht Tübingen.

Prof. Dr. Jürgen Trabant,
Humboldt-Universität Berlin

Doppelerfolg

Geben wir's doch zu: Zuerst fanden wir das alle irgendwie schräg. Der Narr (und der Windisch) transkribierten ab 1968 Vorlesungen unseres Lehrers Eugenio Coseriu und verkauften die vervielfältigten Typoskripte, grau kartoniert, dann auf Romanisten- und anderen Linguisten-Tagen. Wieso macht Coseriu das mit? Die Nachschriften kamen doch gleichsam direkt und roh aus dem mündlichen Vortrag, und in den Transkripten gab es auch noch einige Fehler, die der Meister sich und den Nachschreibenden offensichtlich durchgehen ließ bzw. zu deren Korrektur er keine Zeit oder keine Lust hatte. Wieso erlaubt er das denn überhaupt? Uns Schülern ließ er keinen Fehler in Seminar- und Doktorarbeiten durchgehen. Und seine eigenen Arbeiten entließ er auf diese Weise in die Öffentlichkeit. Ganz schön frech von den Kommilitonen Narr und Windisch! Die braven Schüler rümpften snobistisch die braven Näschen.

Aber beide hatten natürlich Recht, Eugenio Coseriu und Gunter Narr. Die grauen Transkripte der Vorlesungen waren die deutschen Bücher, die Coseriu nicht schrieb. Coseriu war nämlich kein Bücherschreiber. Er war ganz offensichtlich ein Vortragender und Diktierer. Er brauchte immer Hörer, um seine Forschungen zu verschriftlichen. Er war der Mund, andere liehen ihm das Ohr und die Hand zum Schreiben. Alle seine Aufsätze sind durch die Ohren vorzugsweise promovierter Assistenten in deren Hände und aufs Papier gelangt.

Gunter Narr hatte das offenbar sofort mit genialem Scharfsinn erkannt. Für die genauestens strukturierten und vorbereiteten – aber eben nicht geschriebenen – Vorlesungen bot er Coseriu das Ohr (oder das Aufnahmegerät) und die schreibende Hand, die dieser gern ergriff. Und dieses akroamatische Schreibdispositiv war zum Besten beider: Coserius Gedanken zur Sprachtheorie und allgemeinen Linguistik, die bis dahin nur auf Spanisch zu lesen und auf Deutsch nur in den Tübinger Vorlesungen zu hören waren, wurden durch diese Mitschriften schnell in der deutschsprachigen Linguistik (die damals noch eine gewisse Bedeutung in der wissenschaftlichen Welt hatte) verbreitet. Niemand wusste besser als Coseriu, was strukturelle Sprachwissenschaft war, die damals überall in der Welt aufkam und als deren schon berühmter Vertreter Coseriu aus Lateinamerika nach Deutschland gekommen war. Niemand war daher auch so berufen, gleich zu erläutern (und zu kritisieren), was gar die neue amerikanische generative Linguistik wollte. In einer Phase radikaler disziplinärer Transformationen vermittelten die Narr-Windisch'schen Nachschriften der Vorlesungen Coserius die grundlegenden Informationen, die für die Modernisierung der Linguistik vonnöten waren: „Einführung in die Strukturelle Linguistik" (WS 67/68), „Einführung in die Transformationelle Grammatik" (SS 1968) und dann die „Geschichte der Sprachphilosophie", Teil I (WS 1968/69). Diese drei Vorlesungsmitschriften wurden noch als Typoskripte im Polykopier-Verfahren von Polyfoto Dr. Vogt in Stuttgart vervielfältigt. Coserius spanische Hauptwerke von 1958 und 1962 erschienen in deutscher Übersetzung dagegen erst 1974 und 1975 bei Fink im Druck. Da war Coserius Linguistik schon längst durch die transkribierten Vorlesungen (und einige von Narr verlegte Aufsatzsammlungen) in Deutschland bekannt und berühmt. Der zweite Teil der Vorlesung über die Geschichte der Sprachwissenschaft (WS 1970/71) erschien 1972, nun schon als Band 28 (!) der *Tübinger Beiträge zur Linguistik* (TBL), die zusammen mit dem Narr Verlag 1969 gegründet wurden und in denen allein im Jahr 1970 zwölf Titel erschienen waren.

Die Nachschriften seiner Vorlesungen haben nicht nur Coserius Ruhm in Deutschland entscheidend befördert und die Sprachwissenschaft in Deutschland geprägt, auch Gunter Narr war es nun möglich, einen Verlag zu gründen, dessen fünfzigjährige Erfolgsgeschichte wohl einmalig ist in Deutschland. Die 1968 von der Narr'schen Chuzpe überraschten braven und snobistischen Schüler Coserius sind natürlich alle längst Autoren des Hauses Narr geworden und danken und gratulieren Verleger und Verlag von Herzen.

1987

Arend de Vries
*Der Kaktus und 90
weitere Werke zum
Nachdenken und
Einschlafen*

Laut Klappentext
„sensibel und hart",
„die Gedichte sind
meist zärtlich": „Ein
Geschenk vielleicht, ein
Gewinn jedenfalls."
Wohl doch zu Unrecht
beim Gartenbedarf
einsortiert?

Prof. Dr. Ricarda Liver,
Universität Bern

Der Verleger mit dem Herz
für kleine Sprachen

Für mich begannen die persönliche Bekanntschaft und die berufliche Zusammenarbeit mit Gunter Narr 1992, als ich gemeinsam mit Peter Wunderli die Redaktion der *Vox Romanica* übernahm. In den zehn Jahren, in denen wir diese Aufgabe versahen (1992–2001, Bände 51–60), lernte ich Gunter Narr als Verleger und Geschäftsmann kennen, der durch seine Fachkenntnis und sein unternehmerisches Geschick ganz besonders für die Leitung eines Verlags prädestiniert ist, in dem die Sprachwissenschaft im Zentrum steht. Im Laufe der Zeit wurde aus der Arbeitsbeziehung zusehends eine freundschaftliche Verbundenheit mit Gunter und seiner ebenso charmanten wie tüchtigen Gattin Sonja. Die jährlichen Sitzungen des Kuratoriums der *Vox Romanica* und die jeweils darauf folgenden Mittagessen gewannen (und gewinnen immer noch) wesentlich an Attraktivität durch die Gegenwart des Verlegerpaars.

Seit 1999 konnte ich verschiedene Arbeiten zu Sprache und Geschichte des Bündnerromanischen im Verlag von Gunter Narr publizieren. Das ist nicht selbstverständlich, nimmt die Rätoromanistik im Ganzen der Forschung zu den romanischen Sprachen doch eher eine Nischenposition ein, die bestimmt nicht gerade verkaufsfördernd ist. 1999 erschien meine Einführung in das Studium des Bündnerromanischen, unter dem Titel *Rätoromanisch*, in der Reihe *narr Studienbücher*. Dass das Buch 2010 eine zweite Auflage erlebt hat, ist sicher auch der prominenten Stellung des Verlags im Bereich universitärer Unterrichtsmittel zu verdanken.

Die Studie *Der Wortschatz des Bündnerromanischen* (2012) und die Neuausgabe der Ecclesiasticus-Übersetzung des Oberengadiners Lüci Papa von 1613, *La Sabgienscha da Iesu filg da Sirach* mit linguistischem Kommentar (2016), haben wohl nur bei einem kleinen Kreis von Spezialisten Beachtung gefunden.

Umso dankbarer bin ich, dass sie in einem renommierten Verlag erscheinen konnten.

Lieber Gunter, liebe Sonja, zu Eurem runden Jubiläum, 50 Jahre Verlag und 80 Jahre Gunter, gratuliere ich Euch ganz herzlich und wünsche Euch weiterhin alles Gute, in der Arbeit und in der wohlverdienten Freizeit, die uns hoffentlich weiterhin zusammenführen wird!

1988

Jörn Albrecht et al. (Hrsg.)

Energeia und Ergon

„Studia in honorem Eugenio Coseriu", drei Bände mit Beiträgen in fünf Sprachen. Der Anlass? Kein Jahrestag, nur Coserius immerwährende Bedeutung.

Prof. Dr. Jörg Roche,
Ludwig-Maximilians-Universität München

The Beginning of a Beautiful Friendship

Ende der 1990er Jahre wollte ich endlich einen Einführungs-
band zur Interkulturellen Sprachdidaktik fertigstellen, an dem
ich schon viele Jahre „gebastelt" und recherchiert hatte. Wie
üblich stellt sich so eine anvisierte Fertigstellung aber dann doch
als leichter gesagt denn getan heraus. Um einen angemessenen
– oder besser noch respektablen – Verlag zu finden, wandte ich
mich an den Gunter Narr Verlag. Schließlich hatte er sich schon
damals mit einigen anspruchsvollen Reihen und vielen einschlägigen Publikationen auf dem Markt etabliert und damit eine
exzellente Reputation im Feld erworben. Die positive Antwort
ließ gar nicht lange auf sich warten, was mich – ehrlich gesagt
– damals schon etwas überraschte: Man ahnt und hört ja oft,
wie viele Manuskripte von Verlagen abgelehnt werden. Ich fand
mich dann auch noch in der glücklichen Situation – vielleicht
die beste, die einem Autor passieren kann –, eine sehr kritische,
aber stets konstruktive und verständnisvolle Redakteurin zur
Seite gestellt zu bekommen, die wohl den Rotstiftetat des Verlages gesprengt haben muss, aber mir sehr professionell geholfen
hat, das Manuskript fertigzustellen. Aus dieser ersten Begegnung
mit dem Verlag wurde eine inzwischen 20-jährige Verlagsbeziehung, die weitere Einführungsbände (*Fremdsprachenerwerb
– Fremdsprachendidaktik*, demnächst in der 4. Auflage) sowie
die Mehrsprachigkeitstheorie hervorgebracht hat, die zuletzt in
der 10-bändigen Reihe *Kompendium DAF/DAZ* in aktualisierter
Form aufgegangen ist. Beachtenswert auch die Bereitschaft des
Verlages, neue Dinge / Reihen und Medienkombos auszuprobieren: unter anderem die Buch-begleitenden Webseiten für Aufgaben und vertiefende Lektüren, die Kombinationen mit unseren
Moodle-online-Modulen, die neue Schulbuch- und Lektürereihe
zur Dialogdidaktik, die ich in Zusammenarbeit mit der Kollegin
Gesine Schiewer und zahlreichen Chamisso-Preisträgerinnen
und -Preisträgern herausgebe, und auch den Ersthelfer-Leitfaden

für Helfergruppen, den der Verlag aus seinem sozialen Engagement heraus zum Selbstkostenpreis seit der großen Flüchtlingszuwanderung herstellt und vertreibt. Der Anteil der roten Farbe in den Manuskripten hat übrigens in all diesen Jahren – umgekehrt proportional zum Umfang der Veröffentlichungen – abgenommen. Ich gratuliere zum Jubiläum und bedanke mich für die stets vorbildliche Unterstützung in all den Jahren.

1989

Antonio Tovar
Einführung in die Sprachgeschichte der Iberischen Halbinsel, 3. Aufl.

Dank Professor Tovar konnte man in Tübingen auch Baskisch lernen und fand dazu in der abgelegenen Bibliothek seines Instituts stets ein ruhiges Plätzchen.

Prof. Dr. Wolfgang Asholt,
Humboldt-Universität zu Berlin

Aus Fährnissen ohne Ende in einen sicheren Hafen: Gunter Narr als Retter einer Zeitschrift

2004, im 30. Jahr ihrer Existenz, wechselt die Zeitschrift für „Vergleichende Frankreichforschung" *lendemains* zum fünften Mal den Verlag und wird von Gunter Narr in sein Programm aufgenommen. 1974 in Berlin (West) gegründet, erscheint sie zunächst in einem (sozialistischen) Selbstverlag, danach in einem DKP-nahen Kölner Verlag, anschließend in einem neu gegründeten Marburger Verlag, erneut in einem Selbstverlag und schließlich in einem anderen Tübinger Verlag. Zeitschriften und ihre Herausgeber wechseln den Verlag nur in großer Not, jeder Verlagswechsel stellt für beide Seiten eine Herausforderung dar. Doch der Wechsel zum Narr Francke Attempto Verlag, der die Zeitschrift inzwischen schon mehr als doppelt so lange veröffentlicht wie jeder seiner Vorgänger, bildet in dieser Hinsicht eine Ausnahme. Im Dischingerweg hat die Zeitschrift einen sicheren Ankerplatz gefunden. Von ihm aus kann sie unbesorgt Gewässer erkunden und sich in für Zeitschriften immer schwereren Zeiten nicht nur behaupten, sondern auch entwickeln. Mit Schwerpunkten wie der von Ottmar Ette initiierten „Streitschrift" „Literaturwissenschaft als Lebenswissenschaft" (Heft 125/2007), einer dazu im Simón Bolivar-Saal des IAI im Hause der Berliner Staatsbibliothek organisierten Diskussionsveranstaltung, die der Verlag sponsert, und einem vielzitierten Dokumentationsband der *edition lendemains* (Bd. 20/2010) kann die Zeitschrift dank des Verlages zu einer Publikation werden, die in wichtigen heutigen Debatten, wie jener um das Verhältnis von Literatur und Leben, Anstöße gibt. Gunter Narr und sein Verlag zeigen auch Solidarität und bieten Sicherheit, als 2012 die DFG die Förderung gedruckter Zeitschriften einstellt. Und dank des Verlages und begleitet von Sonja und Gunter Narr gelingt auch der Herausgeber-Wechsel im gleichen Jahr. Als die Zeitschrift 2004 in den sicheren Tübinger Hafen gelangt, können Herausgeber und Beiratsmitglieder noch nicht wissen, welche Veränderungen mit der digitalen Umwälzung auch auf (gedruckte) Zeitschriften zukommen werden. Sich diesen Veränderungen einschließlich der (auch) digitalen Publikation im und mit dem Narr Francke Attempto Verlag zu stellen, stellt ein Privileg dar. Und es ist ein Glück, ein Verlegerehepaar zu haben, an das man sich bei Schwierigkeiten persönlich wenden kann. Gunter Narr hat die 45-jährige Zeitschrift vor 15 Jahren in seinem Verlag, der in diesem Jahr seinen 50. Geburtstag feiert, willkommen geheißen. Verbunden mit den Glückwünschen zu seinem 80. Geburtstag sei ihm dafür herzlich gedankt.

Prof. Dr. Wulf D. v. Lucius,
ehem. Verleger Lucius & Lucius

Mit langem Atem

Gunter Narr übertrifft mit seinem Doppeljubiläum – 50 Jahre des von ihm gegründeten Verlags und 80. Geburtstag – sehr viele Kollegen: Nachhaltig hat er aus kleinen Anfängen eine angesehene Verlagsgruppe entwickelt, die mittlerweile über den engeren Bereich der Literatur- und Sprachwissenschaften hinaus ein breites Programm in verschiedenen Disziplinen mit Schwerpunkt Lehrbücher bietet. In diesem Bereich haben wir uns auch kennen gelernt, nämlich als Gesellschafter der kooperativen Lehrbuchreihe UTB, die für Narr gleich zweimal zum Auslöser beträchtlicher Erweiterungen wurde: 1984 der Erwerb des UTB Gesellschafterverlags Francke und 2018 des UVK Verlags. Durch Letzteres ist Gunter Narr nun auch mein Verleger für die *Verlagswirtschaft* geworden, und ich glaube sie damit auch in der Zukunft in bewährten Händen.

Ein weiterer Erwerb war der Attempto Verlag, ein einst sehr ehrgeizig aus der Universität in Tübingen heraus gegründeter Verlag, der aber wie alle derartigen Gründungen in Deutschland in den letzten Jahrzehnten keinen durchschlagenden Erfolg erreichen konnte. Aber wenn auch das ökonomische Volumen in diesem Fall eher klein einzuschätzen ist, befriedigt doch sehr der Triumph privatwirtschaftlichen Verlegens über die mit so viel psychologischem Vorschuss gestarteten Gründungen seitens der Universitäten. Schließlich erwarb Narr 2018 noch den expert verlag, der jenseits der akademischen Szene praxisorientierte Lehrwerke herausbringt.

Gerade hier zeigt sich auch Narrs Stärke als nüchtern agierender Kaufmann, der manches Projekt auch auf schmaler Basis erfolgreich zu gestalten weiß. Diesen nüchternen Pragmatismus konnte man – abgemischt mit einer Prise Selbstironie – auch so manches Mal bei den kontroversen Diskussionen in den UTB Versammlungen erleben. An deren Rand ergaben sich auch immer wieder Gelegenheiten zu sonstigen Gesprächsthemen, bei denen mich Gunter Narrs schnörkellose Klarheit beeindruckte, etwa wenn er offen über seine zweite Berufswelt, die Immobilienwirtschaft erzählte, in der er ähnlich zielstrebig agierte.

Interessant war seine – stets mit Skepsis abgemischte – Offenheit zu Versuchen beim Entwickeln digitaler Produkte. Manches wurde da viel zu früh gestartet und wie auch überall sonst wieder geräuschlos beerdigt. Der klassische Buchverlag aber gedeiht offenbar gesund, was man ihm auch für die weitere Zukunft wünscht.

Eine andere Gelegenheit zu regelmäßigen Begegnungen war die Stuttgarter Verlegerrunde, die traditionsgemäß auch Verleger der Umgebung als Mitglieder hat. Diese Treffen verbinden stets fachliche Fragen und kollegialen Gedankenaustausch mit persönlichen Tischgesprächen. Lange Jahre berichtete Gunter Narr hier mit Engagement und auch kämpferisch über die Tarifgespräche, die er für den Verband führte.

Als Ruheständler – der sich schon mit schlappen 77 Jahren aus dem aktiven Verlegerdasein verabschiedete – treffe ich den unverändert aktiven, Frische ausstrahlenden Gunter Narr seltener – die letzten Male in Salzburg bei den Festspielen. Es wäre schön, wenn es noch öfter zu solchen Begegnungen kommt, bei denen getane Taten und aktuelle Dinge entspannt zur Sprache kommen. In diesem Sinne: alles Gute zum 80.!

1990

Eva Kormann

„Der täppische Prankenschlag eines einzelgängerischen Urviechs …"

Auch wissenschaftliche Studien profitieren von einem schlagkräftigen Titel. In diesem Fall ziert er eine Studie über „Das neue kritische Volksstück".

Prof. Dr. Laurenz Volkmann,
Friedrich-Schiller-Universität Jena

„Hidden champion" im ländlichen Ländle

Narr and me – we go back a long time, so kann man es als Anglist wohl ausdrücken, oder anders formuliert: Mit Freude und einem gewissen Stolz kann ich auf über zwei Jahrzehnte der Verbundenheit mit dem Verlag zurückblicken. In diesen war und bin ich zunächst als Autor von Beiträgen in Sammelbänden oder Zeitschriften des Verlags, aber auch mehrfach als Autor und Herausgeber eigener Publikationen tätig gewesen. Die Freude meinerseits verbindet sich mit zahlreichen anregenden Gesprächen bei Buchmessen oder am Buchstand des Verlags während der üblichen Fachtagungen – bei diesen Anlässen zeigten die Mitarbeiter, aber besonders der „Chef" des Verlags stets ein offenes Ohr für Fragen zu Publikationen, und nebenbei entspann sich auch so manches Gespräch zu geisteswissenschaftlichen Themen. Mit Stolz bin ich dem Verlag verbunden, da er nach wie vor als die erste Adresse für fremdsprachendidaktische Publikationen gilt, wie es mir mehrfach von prominenten Fachkollegen und -innen bestätigt wurde.

Den Höhepunkt meiner Verbundenheit mit dem Verlag und Herrn Narr stellte im vorletzten Jahr mein Besuch in den Verlagsräumen dar, am Rande Tübingens im Dischingerweg 5, in einer überraschend ländlichen Gegend. Als Nicht-Schwabe konnte ich erkennen, was der Begriff der wirtschaftlichen „hidden champions" bedeutet mag, die man in diesen Gefilden doch so häufig antrifft. Unter dem Motto „vernarrt in Wissen! – Wissenschaft ist unsere Leidenschaft!" lud Herr Narr am 23. April 2017 zum Tag der offenen Tür ein – und dabei zur Verköstigung mit Bratwurst und zur Fachsimpelei oder zum lockeren Gespräch mit bücherliebenden Gleichgesinnten. Beeindruckt war ich von der Gastfreundlichkeit und dem regen Interesse der zahlreichen Besucher – und konnte dazu einen Vortrag anbieten, der das Publikum dazu einlud, einmal einen Blick in die „Werkstatt" einer Buchproduktion bzw. auf den komplizierten Entstehungsprozess einer

Einführung in die Englische Fachdidaktik zu werfen. Der Titel des Vortrags, „Teaching English oder welche Herausforderungen meistern Autoren bei der Entwicklung von Lehrbüchern?", verschweigt dabei allerdings, dass diese zahlreichen Herausforderungen stets in enger Kooperation mit dem Verlag gemeistert werden konnten. Besonders für diese freundliche und zielführende Zusammenarbeit möchte ich mich – auch im Namen meiner Mitautoren Michael Meyer und Nancy Grimm – sehr herzlich bedanken und dies mit einem ebenso herzlichen doppelten Glückwunsch verbinden: Ein „Hoch" dem Verlag zu seinem fünfzigsten Bestehen und ein dreifach „Hoch" dem Jubilar – und dazu der Wunsch, dass Herr Narr auch weiterhin so elanvoll präsent ist!

Dr. Kennosuke Ezawa,
Ost-West-Gesellschaft für Sprach- und
Kulturforschung, Berlin

Die wundersame Wirkung Tübingens

1. Gunter Narr hatte in den 1960er-Jahren noch als Tübinger Romanistik-Student zusammen mit Rudolf Windisch autorisierte Nachschriften von Vorlesungen[1] von Eugenio Coseriu (1921–2002) publiziert. Sie fanden auch außerhalb Tübingens eifrige Besteller. Ich gehörte zu ihnen. Sie waren maschinenschriftlich geschriebene und fotomechanisch gedruckte einfache Hefte.

2. Als ich 1971 von Köln nach Tübingen kam, war gerade eine Reprint-Ausgabe des Hauptwerks von Georg von der Gabelentz (1840–1893): „Die Sprachwissenschaft, ihre Aufgaben, Methoden und bisherigen Ergebnisse" (1891, 2. Aufl. 1901) erschienen. Sie war der erste Band der neuen, von Gunter Narr herausgegebenen Schriftenreihe *Tübinger Beiträge zur Linguistik* (TBL) und dabei mit einer Studie von Coseriu: „Georg von der Gabelentz et la linguistique synchronique" (ab 1972 in deutscher Übersetzung von Uwe Petersen) versehen, die zuvor in *Word* (23: 1967, 74–100) auf Französisch veröffentlicht worden war.

Durch diese Coseriu'sche Studie wurde Gabelentz in Fachkreisen in Europa auf einmal in seiner Bedeutung als Vorläufer der neuen, synchronischen Linguistik erkannt, nachdem Ferdinand de Saussure (1857–1913) mit seinem posthum aus Vorlesungsnachschriften herausgegebenen Werk „Cours de linguistique générale" (1916) als Begründer der neuen sprachwissenschaftlichen Richtung gegolten hatte.

An den danach entstandenen intensiven Prioritätsdiskussionen hat sich Gunter Narr aktiv beteiligt.

---

1   Etwa: „Einführung in die Strukturelle Linguistik" (Wintersemester 1967/68), „Einführung in die Transformationelle Grammatik" (Sommersemester 1968), „Geschichte der Sprachphilosophie von der Antike bis zur Gegenwart. Eine Übersicht" (Wintersemester 1968/69).

3. Heute wird Gabelentz darüber hinaus als Begründer der neuen „Sprachtypologie" gefeiert. In der Tat trug seine letzte, posthum veröffentlichte Arbeit den Titel: „Hypologie [Satzfehler für „Typologie"] der Sprachen, eine neue Aufgabe der Linguistik" (in: Indogermanische Forschungen 4: 1894, 1–7). Inzwischen wird alle vier Jahre ein *Georg von der Gabelentz Award for Linguistic Typology* von der *Association for Linguistic Typology* verliehen.

4. Aber gerade während der 1960er- und 1970er-Jahre, in denen Gunter Narr seine verlegerischen Tätigkeiten begann und fortführte, wurden bekanntlich deutsche Universitäten durch große studentische Unruhen erschüttert, die nicht nur Studieninhalte, sondern auch gesellschaftliche Verhältnisse zu verändern suchten. Bemerkenswert ist jedoch die Tatsache, dass Tübingen während dieser Zeit, die ich selbst miterlebt habe, ohne größere Destruktionen geblieben war, während aus anderen traditionsreichen Universitäten wie Freiburg, Marburg oder Göttingen Rektoratsbesetzungen und andere Gewaltakte von Studenten gemeldet wurden. Die Universitätsleitung in Tübingen hatte frühzeitig beschlossen, einen Verwaltungsfachmann im Bundeskanzleramt in Bonn einzuladen, um der Situation Herr zu werden. Der Versuch wurde ein Erfolg. Der dazu berufene Nichtwissenschaftler, Adolf Theis (1933–2013), konnte die Universität 1972–1995 erfolgreich führen.

Bedenkt man im Nachhinein alle diese Begebenheiten in ihren inneren Zusammenhängen, so kommt man auf ein Bild der Kleinstadt Tübingen, die bei ihrer Enge und Bescheidenheit eine geistige Kraft in sich birgt, die etwas Außerordentliches zustande bringen kann. „Attempto" heißt nicht umsonst der Wahlspruch der Universität.

5. Gabelentz ist inzwischen ein wichtiger Arbeitsbereich für den Narr Verlag geworden, nachdem im Jahr 2010 an der Humboldt-Universität zu Berlin eine Gabelentz-Konferenz mit einer Ausstellung stattgefunden hat. Zur Dokumentation der Veranstaltungen sind folgende Bücher bei Gunter Narr Verlag erschienen: „Georg von der Gabelentz. Ein biographisches Lesebuch". 2013. 344 Seiten; „Beiträge zur Gabelentz-Forschung". 2014. 301 Seiten.

Ich gratuliere Gunter Narr mit seinem wachen Realitätssinn zu seinem 80sten Geburtstag und zum 50-jährigen Jubiläum seines Verlags sehr herzlich und hoffe, dass weitere Impulse von seinem Verlagshaus ausgehen können, die nur in Tübingen möglich sind!

Gunter Narr sagte einmal zu mir: „Ich hätte auch etwas anderes machen können. Man hat aber seine Freude, wenn man ein Buch macht."

1991
Giacomo Leopardi
Rede eines Italieners
über die romantische
Poesie

Die neue Reihe
Italienische Bibliothek
ließ uns träumen
vom Land, in dem die
Zitronen blüh'n.

GIACOMO
LEOPARDI

Rede eines Italieners
über die
romantische Poesie

Discorso di un italiano
intorno alla
poesia romantica

Italienische Bibliothek

NARR

Hans Joachim Madaus: Auf Goethes Spuren in Sizilien
Detail: Sarkophag der Phädra in Agrigent

„Mich dünkt, von halberhabener Arbeit nichts Herrlichers gesehen zu haben, zugleich vollkommen erhalten.
Es soll mir einstweilen als ein Beispiel der anmutigsten Zeit griechischer Kunst gelten." (24. April 1787)

Prof. Dr. Wolfgang Müller-Funk,
Universität Wien

Variationen über das *Ver*. Brief an meinen Verleger aus gegebenen Anlässen

Was soll man einem Verleger zum Jubiläum seines Verlages und seiner Verlagsgruppe schicken? Natürlich keine Blumen. Allenfalls, weil es sich nicht um ein wissenschaftliches Genre handelt, durch die Blume sprechen. Am besten aber doch handfeste Lettern schicken. Setzen tut man sie bekanntlich schon seit langem nicht mehr. Deshalb verlegen sich die Buchstaben in digitalen Räumen fast von selbst. Verlegen bedeutet ja auch, sie so irgendwo hin- und abzulegen, wo sie nicht mehr gefunden werden können. Wir alle kennen das Phänomen des Verlegens aus dem Alltag, das doch das schiere Gegenteil jenes Verlegens ist, das Verlage, wissenschaftliche, literarische, in den letzten beiden Jahrhunderten so stolz und groß gemacht hat.

Natürlich ist das Wort *verlegen* ein überaus merkwürdig' Ding. Das hängt weniger mit dem Hinterteil dieses Kompositums zusammen, als vielmehr mit dem verflixten Präfix, das ja auf eine merkwürdige Art und Weise eine zuweilen negative, zuweilen verstärkende, aber stets uneindeutige Konnotation ins Spiel bringt. Ich meine jenes *Ver*, das sich scheinbar quer zum nachfolgenden Wortteil verhält, auch wenn dessen Sinn und Substanz wiederum verschwommen ist. Den *Lag* zum Verlag gibt es ebenso wenig wie das *Gessen* beim Vergessen. Und das *Gnügen* im Vergnügen ist einigermaßen holprig, auch wenn man es mit Genügen in Verbindung bringen könnte. Was das hehre Verstehen, Kernstück jener ehrwürdigen Hermeneutik, mit dem Stehen, zu tun hat, bleibt einigermaßen schleierhaft.

Das verflixte *Ver* im Verlag und im Verlegen macht also verlegen. Anscheinend ist dieser Wortkette nicht zu entrinnen. Auf jeden Fall macht es den guten Verleger aus, dass er ein Buch eben nicht so verlegt und vergisst, dass man es niemals wiederfindet. Obschon die Langlebigkeit von Büchern heute nicht eben hoch im Kurs steht. Freilich hat schon Platon geargwöhnt, dass die schriftliche Ablage des Gesagten dem Vergessen Vorschub leistet. So finden sich in dem, was zu verschwinden droht, die Bibliothek des bürgerlichen Sammlers, sämtliche Bücher abgelegt und geordnet, so wie die beinahe dreißig Bände der bei Francke und damit bei Narr erschienenen Reihe *Kultur – Herrschaft – Differenz*, Dokumente dessen, dass eine Gruppe von Forscherinnen und Forschern beinahe zwanzig Jahre lang ihrer wissenschaftlichen Verpflichtung zu intensiver Intelligenz – wieder ein *Ver* – nachgekommen ist. So sind alle Bibliotheken stumme Versammlungen, von denen ungewiss bleibt, ob der Besitzer, die Besitzerin der Bibliothek je wieder einberufen wird.

Sagen wir doch ohne großes Risiko, dass das Verlegen etwas mit dem Schreiben gemeinsam hat, vielleicht das Versuchen und Verführen, also einen nicht ganz intentionalen Akt, der die Leserschaft dorthin bringt, wo sie zuvor noch nie gewesen ist, damit sie einige Stunden in einem Gelände verbringt, das sie noch nicht kennt. Ganz nebenbei vermerkt, ist auch in all diesen Beispielen nicht ganz klar, was das vertrackte *Ver* mit dem Suchen, Führen, Fahren, Legen und Bringen macht.

Selbstredend befinden sich auch historisch betrachtet die Verleger und die, derer sie bedürfen, die Autorinnen und Autoren, nicht immer in innigem Ein*ver*nehmen – das hat auch mit der doppelten Buchführung zu tun, der Verlage unterliegen. Also zuweilen kann das Verhältnis zwischen jenen, die Verleger und nicht Leger heißen, und jenen, die Schreiber, aber nicht Verschreiber heißen, obwohl es solche fraglos gibt, verfahren sein. Aber da das Verhältnis kein Gegenteil zum nicht existenten deutschen Wort *Hältnis* darstellt, sind im glücklichen Fall die Verhältnisse doch zuweilen erstaunlich stabil. Für solche stabilen Verhältnisse müssen wir dankbar sein. Denn ihnen verdanken gerade wir Autoren sehr viel. Quantität ist hier allemal Qualität.

Die gegenwärtige Situation von Büchern, gerade auch von wissenschaftlichen, ist verstörend. Verzichten sollten wir auf dieses wunderbare Medium nicht. Bücher kann man aufschlagen, zuklappen, weglegen, um sie wieder in die Hand zu nehmen, man kann in ihnen blättern, man kann sich auch verblättern. Bedroht sind sie nicht nur vom digitalen Schnellimbiss, sondern von einer so (un)heimlichen wie hartnäckigen Form von Zensur, die in der Maske aufrichtiger Besorgnis um Kontrolle auftritt,

1992

Ilse und Ernst Leisi
*Sprach-Knigge oder:
Wie und was soll ich
reden?*

Eine Frage, die auch heute noch bewegt: ein Long- und Bestseller, nach wie vor lieferbar und inzwischen auch als eBook zu haben.

die jede Verwicklungen, Versetzungen und Verstrickungen von vornherein verhindern möchte. Zu dem geschönten Selbstbild der Wissenschaft gehört nämlich auch die halbwahre Behauptung, dass sie stets für das Neue, Abweichende und Verrückte aufgeschlossen sei. Was Worte und Begriffe verströmen, das soll durch entsprechende Verfahren gelenkt, eingeschränkt und in geordnete Bahnen gelenkt werden. Die heutige Lenkung wissenschaftlicher Produkte bestätigt eindrucksvoll, was Michel Foucault vor fast einem halben Jahrhundert als Diskurs verstanden hat, nämlich ein Regime und ein Verfahren der Exklusion. Solche Normierung muss nicht gleich zum Verfall von Human- und Sozialwissenschaften führen, aber zum Versickern ihres subversiven Potentials kann es erheblich beitragen, auch deshalb, weil es die Verschiedenheit jener akademischen Sparten und Fächer, die wir nicht umsonst Disziplinen nennen, zumeist ignoriert. Es ist ungewiss, ob Norbert Elias' seinerzeit bei Francke ediertes Buch über den Prozess der Zivilisation – von Kants Kritik der reinen Vernunft ganz zu schweigen – heute etwa als Forschungsprojekt reüssieren könnte. Es ist ein unmögliches Unterfangen, eben ein Denkexperiment, sich zu fragen, welche Bücher heute auf Grund des Zeitgeistes und der gegenwärtigen Wissenschaftslandschaft nicht verlegt, ja gar nicht einmal geschrieben werden können. Wir leben in einer Zeit, in der die Räume programmatisch, durch implizite und explizite Verfahren, verengt werden. Verfahren, das heißt in diesem Fall: in die verkehrte, also falsche Richtung zu fahren. Mit anderen Worten: Die gegenwärtige Situation ist verdruckt.

Dass Bücher und damit Verlage überleben, dessen bin ich mir fast sicher. Ähnlich wie eine intensive Beziehung gegenüber flüchtigen Begegnungen, ein gutes Restaurant gegenüber einer Würstelbude ist ein Verlag mit einem langen Atem gegenüber dem digitalen Fluidum durchaus haltbar. Glauben wir doch an den Einband, der die Seiten zusammenhält, diesen Verband, der ein Versprechen enthält, das Versprechen nämlich, dass das von ihm zusammengehaltene Wissen, Gedanken, Einsichten und Befunde, vor einem liegt, nicht verlegt ist, auch wenn sie zuweilen verlegen machen.

In diesem Sinn alles Gute zum doppelten Geburtstag, jenem des Verlages, vor allem jenem der Person, ohne die das erste Jubiläum gar gar nicht wäre.

Dr. Radegundis Stolze,
Freie Übersetzerin, Darmstadt

narr Studienbücher:
Pfade durch den Wissenschaftsdschungel

Zum Jubiläum erinnere ich mich an den Beginn unserer Zusammenarbeit. Im September 1992 habe ich als Diplomübersetzerin am Kongress der Internationalen Übersetzerverbände F.I.T. in Wien teilgenommen. Der Narr Verlag, bei dem soeben mein erstes Buch in der TBL-Reihe erschienen war, war dort mit einem Stand vertreten.

Auf dem Kongress hörte ich sehr diverse und gegensätzliche Beiträge von Vertretern verschiedener theoretischer Richtungen des Nachdenkens über das Übersetzen. Ich war erschüttert, denn das Thema war doch eigentlich für alle gleich: das Übersetzen eines Textes von einer Sprache in eine andere. Wie konnte man da so unterschiedlicher Meinung sein?

In der Pause unterhielt ich mich mit der Mitarbeiterin des Narr Verlags, wir sprachen über das Angebot auf dem Kongress, und sie meinte, das wäre doch sehr wirr, man sollte vielleicht mal eine Einführung über die verschiedenen Übersetzungstheorien schreiben. Und sie fragte mich, wen unter den Kollegen an der Uni ich benennen könnte, um den anzusprechen.

Da fühlte ich mich aber persönlich angesprochen, denn ich hatte schon angefangen gehabt, für Berufskollegen ein paar Informationen über einzelne Theorien zu sammeln. Ich signalisierte, dass ich diese Aufgabe auch selbst übernehmen könnte, und ihre Freude war groß. Das war der Beginn einer wunderbaren Zusammenarbeit.

Auf der Buchmesse noch im selben Jahr konnte ich am Stand einen Entwurf für mehrere Kapitel in einem entsprechenden Studienbuch vorlegen. Ich machte mich an die Arbeit und hatte das Gefühl, wie mit dem Buschmesser durch den Urwald der unterschiedlichen Übersetzungstheorien zu pflügen. Meine wissenschaftliche Perspektive war die Sicht des Übersetzers oder der Übersetzerin selber, und das hat sich als tragfähig erwiesen.

Gut ein Jahr später erschien das Buch, das dann im Lauf der Zeit immer umfassender wurde und inzwischen in 7. Auflage vorliegt. Es war mit einer der ersten Beiträge in der Reihe *narr Studienbücher*.

Ich habe dann noch weitere Bücher bei Narr Francke Attempto veröffentlicht, auch in anderen Reihen, denn ich sagte immer: „Die Bücher, die ich als Studentin gerne gehabt hätte, die musste ich hinterher erst selbst schreiben."

So wünsche ich dem Narr Verlag auch weiterhin gute Entscheidungen auf dem Weg, Wissenschaftlern und Studierenden Pfade in der immer unübersichtlicher werdenden Wissenschaft aufzuzeigen.

1993

Hugo Friedrich
Montaigne, 3. Aufl.

Schlichter Titel und viel dahinter: Friedrichs Einführung in die Gedankenwelt von Montaignes Essays fand zahlreiche Leser.

Prof. Dr. Claudia Maria Riehl,
Ludwig-Maximilians-Universität München

Wie aus einem Kaffee ein Studienbuchklassiker wurde

Lieber Herr Narr,

denkwürdige Jahrestage sind ein willkommener Anlass, über alte Bekanntschaften und Verbindungen nachzudenken. Und so führt mich dieses Nachdenken zurück in den Anfang der 90er-Jahre, als wir uns zum ersten Mal auf einer der DGfS-Tagungen begegneten. Von da an kreuzten sich unsere Wege auf vielen weiteren Tagungen, in meiner Erinnerung tauchen besonders die heiteren Runden im abendlichen Ausklang oder im unvergesslichen IDS-Keller auf. Aber die lebhafteste Erinnerung bleibt mir an ein Kaffeegespräch am Rande der IDS-Tagung, bei dem Sie mich ermunterten, ein Studienbuch zu schreiben. An diesem Tag wurde die Einführung in die Sprachkontaktforschung geboren, die mich nun schon 15 Jahre in mehreren Auflagen und in der STARTER-Fassung mit dem Narr Verlag verbindet. Und das Wunderbare ist, dass hinter diesem Verlag nicht nur eine Person wie Sie steht, sondern dass so viele engagierte Mitarbeiter und Mitarbeiterinnen darin mitwirken, die diese einzigartige Verlags-Familie bilden, in der man sich so wunderbar aufgehoben fühlt.

Daher, lieber Herr Narr, sende ich Ihnen nicht nur meine allerherzlichsten Glückwünsche, sondern auch einen großen Dank dafür, dass Sie das alles möglich gemacht haben.

Ad multos annos!
Ihre Claudia Riehl

Hans Joachim Madaus: Auf Goethes Spuren in Sizilien
Detail: Ein Teil der Domfassade von Palermo

„Die Feierlichkeit gab uns Anlaß, die Hauptkirche zu besuchen und ihre Merkwürdigkeiten zu betrachten."
(15. April 1787)

Prof. Dr. Eve-Marie Becker,
Westfälische Wilhelms-Universität Münster

Über den Augenblick und die Gelegenheit – hinaus

Glückwünsche zum 80. Geburtstag von Herrn Dr. Gunter Narr und zum 50. Geburtstag des Narr Verlags

Geburtstage gewähren Augenblicke des freudigen Innehaltens – schenken Gelegenheiten zum dankbaren Rückblick.

Im Jahr 2019 feiern Herr Narr und der Narr Verlag gleich zwei „runde" Geburtstage, die den Augenblick des freudigen Innehaltens und die Gelegenheit zu einem dankbaren Rückblick ermöglichen.

Lassen Sie mich dies persönlich, aber auch in meiner Funktion als Mitherausgeberin der NET-Reihe („Neutestamentliche Entwürfe zur Theologie") tun.

1. Der Verlag als Plattform der Forschung

Die Zusammenarbeit mit dem Narr Verlag begleitet meinen akademischen Weg – von der Veröffentlichung meiner Dissertation (NET 4, 2002), meiner ersten Aufsätze (in: NET 6, 2003) und eines ersten Tagungsbandes (NET 1, 2001, s. u.) bis heute, wo ich als Professorin für Neues Testament an der Universität Münster gegenwärtig eine Veröffentlichung meiner Aufsätze zum Philipperbrief des Paulus beim Narr Verlag vorbereite.

Im Jahre 2001 wurde die NET-Reihe von François Vouga, Oda Wischmeyer und Hanna Zapp begründet. Das Ziel der Reihe lag und liegt – laut Reihenbeschreibung (in: NET 1, S. V) – unter anderem darin,

in der neutestamentlichen Forschung Impulse aus den anderen Text-, Literatur- und Sprachwissenschaften aufzunehmen und unsererseits in diese Disziplinen zurückzuwirken. Wir wollen die neutestamentliche

Wissenschaft darüber hinaus in die Kulturwissenschaften und in den gesellschaftlichen Diskurs hineinstellen […].

Als erster Band der NET-Reihe (NET 1) erschien 2001 die auf einem interdisziplinären Kolloquium in Erlangen basierende Anthologie: „Was ist ein Text?" Der von Oda Wischmeyer und mir – damals Wissenschaftliche Mitarbeiterin / Assistentin in Erlangen – herausgegebene Band reflektiert den Anspruch und das Profil der NET-Reihe: Neutestamentliche Exegese geschieht im Raum der Textwissenschaften und in der Interaktion mit all den Fächern und Kollegen / Kolleginnen, die sich über die Kunst der Textauslegung und über die Regeln und Methoden, die die Textlektüre ordnen und lenken, austauschen und verständigen wollen. So haben Oda Wischmeyer und ich seinerzeit in ähnlicher Weise das Konzept des Tagungsbandes mit folgenden Worten beschrieben:

> Neutestamentler sind Textwissenschaftler. Sie arbeiten daher mit allen zusammen, die mit Texten umgehen – seien es Literaturwissenschaftler, Linguisten oder Vertreter anderer theologischer Disziplinen. Eine Frage verbindet alle Textwissenschaftler: Was ist überhaupt ein Text? (Cover-Rückseite von NET 1)

Mit seinem Schwerpunkt auf den Sprach- und Literaturwissenschaften eröffnet der Narr Verlag einen ebensolchen Raum, in dem sich die Textwissenschaften untereinander und die Textwissenschaftler miteinander auf ebendiese Begegnung einlassen können. Die Möglichkeit der fächerübergreifenden Begegnung kommt zum einen in der Vielstimmigkeit der Reihen, die das Profil des Narr Verlags ausmachen, zum Ausdruck. Die interdisziplinäre Begegnung von Textwissenschaftlern kann zum anderen schon innerhalb zweier Buchdeckel realisiert werden – so geschehen im Falle von NET 1 und weiterer NET-Bänden.

Es ist dem Narr Verlag – und insbesondere Herrn Dr. Gunter Narr – zu verdanken, die Entstehung der NET-Reihe mit angeregt und die Profilierung der Reihe in vielfältiger Weise bis heute persönlich begleitet und gefördert zu haben. Das kulturwissenschaftlich orientierte Konzept des Verlags, das die Nähe zur Theologie, insbesondere auch zur neutestamentlichen Wissenschaft (s. auch die TANZ-Reihe, die neutestamentliche Zeitschrift ZNT oder auch das Engagement des Narr Verlags im Bereich von UTB) nicht

1994
Ernst Robert Curtius
Französischer Geist im 20. Jahrhundert
Große Geister leben und wirken unter den Narren – danke, Francke!

nur zugelassen, sondern aktiv gesucht und ausgebaut hat, eröffnet den Horizont, in dem sich die neutestamentliche Exegese der Sprachlichkeit, Textualität und Literarizität ihres Gegenstandes bewusst werden kann, darf und muss.

Nur folgerichtig habe auch ich selbst den interdisziplinär weiten Horizont methodischer Fragestellungen, den der Narr Verlag eröffnet, als produktive Möglichkeit verstanden, mit dem Narr Verlag UTB-Bände zu Grundfragen des Fachs Evangelische Theologie und der neutestamentlichen Wissenschaft als Teildisziplin darin auf den Weg zu bringen (s. „Neutestamentliche Wissenschaft. Autobiographische Essays aus der Evangelischen Theologie", UTB 2475 [Hgg.]: 2003; „Handbuch Evangelische Theologie", UTB 8326 [Hgg. zus. mit D. Hiller]: 2006).

Die „runden Geburtstage" im Jahr 2019 gewähren den Augenblick und die Gelegenheit, mit Freude und Dank auf das bisher Erreichte zurückzublicken, das ohne Gunter Narr und seine Mitarbeiter und Mitarbeiterinnen womöglich nicht auf den Weg gebracht, sondern wohl auf der Strecke geblieben wäre.

2. Der Verleger als Wegbegleiter des Forschers

In den nun etwa zehn Jahren, in denen ich Mitherausgeberin der NET-Reihe bin, bin ich Gunter Narr bei unseren jährlichen Herausgebertreffen mehrfach begegnet. Ich habe Herrn Dr. Narr dabei als einen Verleger kennengelernt, der in außergewöhnlich großer Nähe zu den Reihenherausgebern und zu seinen Autorinnen und Autoren steht. Das starke persönliche Interesse an den Autoren und Büchern des Verlags, mit dem Gunter Narr das Werden und die Entwicklung der „Produktpalette" verfolgt, ist in der gegenwärtigen Verlagslandschaft – meiner Wahrnehmung nach – einzigartig. So repräsentiert Herr Dr. Narr als Person den äußerst eindrucksvollen Typus eines Verlegers, der zum Wegbegleiter des Forschers / der Forscherin wird.

Der Verleger trägt Verantwortung für den geschäftlichen Erfolg seiner Firma und lotet dabei die kommerziellen Möglichkeiten aus, die Buchreihen und Einzeltitel versprechen. Er bereitet so den Handlungsspielraum, in dem Forscher als Autoren tätig werden können. Der gute wissenschaftliche Verleger macht sich mit den Buchprojekten gemein – er bezieht die Identität seines Verlags aus den ihm anvertrauten Projekten. Arndt Ruprecht hat dies kürzlich eindrucksvoll im Blick auf die knapp 200-jährige Geschichte des „Kritisch-exegetischen Kommentars" (KEK) als Projekt des Verlags Vandenhoeck & Ruprecht dargestellt („Der Kritisch-exegetische Kommentar als Verlagsobjekt", in: KEK Sonderbd., 2018, S. 62–69).

Doch auch die Forscher wissen – umgekehrt –, was sie an ihrem Verleger haben: Der Verleger schafft die ökonomischen, technischen und werbestrategischen Möglichkeiten, die den Weg vom Manuskript zum Buch ebnen. Der Verleger ist, im besten Sinne, bibliophil: verliebt in das Wesen und Werden eines Buchs, welches – einmal publiziert – seinen Weg durch Raum und Zeit antritt. Der Verleger lebt wohl in seiner Zeit – niemand sonst kennt die harten materiellen Aspekte und Wettbewerbsbedingungen so genau wie er. Zugleich bringt er immaterielle Güter auf den Weg, die Menschen generationenübergreifend verbinden können und dauerhaft Wissen von Wert und Denken von Dichte generieren. So wird der gute Verleger der langjährige Wegbegleiter des Forschers, der seiner Forschung über den Augenblick hinaus Gestalt verleiht.

Mich beeindruckt, wie angesichts des scharfen Sinns für Zahlen und die Realität des in großer Veränderung befindlichen Buchmarkts Gunter Narr mit Optimismus seinen Verlag führt und in die Zukunft hinein die Aufgabe der Buchproduktion denkt – und wie er dabei seine Autoren persönlich begleitet und ermutigt und ihnen so die notwendigen Gestaltungsräume gibt. Gunter Narr ist ebendieser gute, ja herausragende Verleger.

Wir Forscher – ob Herausgeber oder Autoren – verdanken dem Verleger viel: Er lotet den Raum aus, in dem die Zukunft unserer Bücher gestaltet wird. Er ermutigt uns im Konzipieren und Schreiben – er entwickelt die Resultate unseres Denkens zu vielfach und langfristig lesbaren Produkten.

Über den Augenblick hinaus, Herrn Dr. Narr zu seinem Geburtstag persönlich zu gratulieren, nutze ich die Gelegenheit, ihm zu danken: Ich wünsche ihm und dem Verlag das Beste auf dem weiteren Weg, Bücher in die Welt zu bringen und Räume für das Buch von morgen zu schaffen.

Als Forscher sind wir dankbare Begleiter Ihres Weges!

expert verlag   e×pert›

Alles Gute – auch zum Vierzigsten

In diesem Jahr feiert Dr. Gunter Narr ein doppeltes Jubiläum. Er feiert seinen achtzigsten Geburtstag und zugleich das fünfzigjährige Jubiläum seines Narr Verlags. Zu beidem möchten wir ganz herzlich gratulieren. In diesem Jahr, lieber Herr Narr, blicken Sie aber auch zum ersten Mal auf ein für Sie neues Jubiläum zurück, nämlich das vierzigjährige Jubiläum des expert verlags. Auch hierzu dürfen wir Ihnen in diesem Jahr gratulieren.

Am 30. Juni 1979 gründete Elmar Wippler den expert verlag. Im Laufe der Jahre baute er einen erfolgreichen Verlag auf, dessen Schwerpunkte im Bereich anwendungsorientierte Fort- und Weiterbildung insbesondere in den Bereichen Maschinenbau, Elektrotechnik, Bauwesen und Management lagen. Der Erfolg des Verlags beruhte ganz besonders auf langjährigen Kooperationen mit Weiterbildungspartnern, von denen hier nur die mit der Technischen Akademie Esslingen hervorgehoben sei, aus der mehr als 700 Buchpublikationen hervorgegangen sind.

Am 21. Januar 2016 verstarb der Verlagsgründer des expert verlags, Elmar Wippler. Der jüngere Sohn, Dipl.-Ing. Matthias Wippler, leitete bereits seit 1. Juni 2013 als Junior-Partner das Lektorat und übernahm in Folge ab Februar 2016 auch die Verlagsleitung des expert verlags in Renningen.

Das Team des expert verlags, das – nach dem altersbedingten Ausscheiden des langjährigen Lektors und Verlagsleiters Arnulf Krais und nach mehreren Personalwechseln – seit Anfang 2014 in unveränderter Zusammensetzung in den unterschiedlichen Bereichen die Familie Wippler unterstützte, war insbesondere nach dem Tod von Elmar Wippler engagiert tätig, um die laufende Produktion (expert Fachbücher und die Zeitschrift T+S) herauszubringen und zu vertreiben. Neben Redaktion, Lektorat und Herstellung wurden Buchhaltung, Verlagsauslieferung, Akquise, Presse und Vertrieb durch das expert Team gesteuert.

Zu Beginn des Januars 2017 setzte die Beratertätigkeit von Dieter Durchdewald ein, der monatlich für zwei Tage aus Berlin kam, um den Geschäftsführer fachlich zu unterstützen. Als in den ersten Monaten des Jahres 2018 Matthias Wippler die Geschäftsführung an seinen älteren Bruder Dr.-Ing. Johannes Wippler übergab, wurde zusätzlich Stefan Brückner als externer Berater verpflichtet. Johannes Wippler steuerte die Geschicke des Verlags von außen und motivierte das Team noch im Juni 2018 zu frischem Tun. So war es für die Belegschaft überraschend, als am 3. Juli 2018 in einer Besprechung bekannt gegeben wurde, dass die Familie Wippler den Verlag zum 1. Juli verkauft hatte. Besonders erfreut war die Familie Wippler, dass es gelungen war, den Verlag – wohl dem Wunsch des Gründers entsprechend – als Teil eines Familienunternehmens und mit Übernahme der Belegschaft zu erhalten.

Der Neustart erfolgte – nach einem von Herrn Narr jun. und Frau Gastring virtuos gestemmten Umzug – für die Mitarbeiter im Gebäude des Narr Verlags in Hirschau zum Ende August 2018.

Viel hat sich seit dem Umzug nach Tübingen getan. Mit Beginn des Jahres 2019 gab es bei der traditionsreichen *Zeitschrift für Tribologie und Schmierungstechnik* einen Herausgeberwechsel: Auf den langjährigen Herausgeber Prof. Dr. Wilfried Bartz folgte Dr. Manfred Jungk und der sorgt zusammen mit vielen fleißigen Händen und Köpfen in Tübingen sogleich für ein Relaunch der Zeitschrift, die Einführung eines Peer Review Verfahrens und vieles mehr.

Auch die Digitalisierung des Buchprogramms wird nun in Tübingen kraftvoll vorangetrieben. Für einen einzelnen kleinen Verlag ist das eine Aufgabe, die wirtschaftlich eigentlich gar nicht zu stemmen ist. Aber als Teil einer Gruppe eröffnen sich nun ganz neue Möglichkeiten. Und auch den zahlreichen Katalogen, Vorschauen, Flyern etc., die das Verlagsprogramm bewerben, merkt man den frischen Wind, der nun weht, wohltuend an. Nicht zuletzt überträgt sich diese Aufbruchstimmung auch auf unsere Autoren, die wie nach langem Dornröschenschlaf erwachen und sich mit neuen Buchprojekten melden.

Elmar Wippler kann das fünfzigjährige Jubiläum des Narr Verlags, das zugleich das vierzigjährige Jubiläum des expert verlags ist, leider nicht mehr mit uns feiern, aber wir sind sicher, dass er mit der

Entwicklung des expert verlags zufrieden wäre. Der expert verlag war ein Familienunternehmen und er ist Teil eines Familienunternehmens geblieben. Er ist hier in Tübingen gut angekommen und in der Narr-Gruppe gut aufgestellt, um auch in den nächsten vierzig Jahren im oft schwierigen Verlagsgeschäft zu bestehen.

Das expert-Team im Narr Verlag

1995
Annegret Alsdorf-
Bollée /
Wilhelm Pötters
*Sprachwissenschaft-
licher Grundkurs für
Studienanfänger
Französisch, 7. Aufl.*

Er läuft und läuft
und läuft – dieser
TBL-Band war ein
grundlegendes
Lehrbuch und lag
jahrzehntelang auf
dem Schreibtisch
unzähliger
Studierender.

Hans Joachim Madaus: Auf Goethes Spuren in Sizilien
Detail: Botanischer Garten in Palermo

„Es ist der wunderbarste Ort von der Welt. Regelmäßig angelegt, scheint er uns doch feenhaft; vor nicht gar langer Zeit gepflanzt, versetzt er ins Altertum." (7. April 1787)

Prof. Dr. Viktoria Eschbach-Szabo,
Eberhard Karls-Universität Tübingen

Narr international:
China, Schweden, Schwaben

Es ist eine Freude, sich nach vielen Jahren der Zusammenarbeit und Freundschaft an die erste Begegnung und an die vielen gemeinsamen Erlebnisse mit Gunter Narr zurückzuerinnern.

Das erste Treffen mit Gunter fand schon vor 40 Jahren, im Jahre 1979 statt. Nach meinem ersten Aufenthalt in Japan war ich gerade wieder in Europa angekommen und zu Besuch bei Achim Eschbach in Aachen. Das Gepäck voller neuer Eindrücke und Erfahrungen gestaltete sich die Rückreise abenteuerlich: Da ich wegen des Afghanistan-Kriegs Angst vor der Route über Moskau nach Frankfurt hatte, flog ich mit Malaysian Airlines. Beim Aufenthalt in Kuala Lumpur mussten sich die Grenzbeamten beispielsweise erst einmal im Postamt vergewissern, dass das in meinem Pass ausgewiesene Land „Hungary" überhaupt auf der Landkarte existierte. Auch sonst war dies eine abenteuerliche Reise.

Achim, den ich bei der Semiotik-Tagung in Budapest kennengelernt hatte, die von meinem Stiefvater György Szépe und dem Anthropologen Vilmos Voigt im Frühsommer 1979 organisiert worden war, erwartete mich mit viel Arbeit, als ich mit zwei Tagen Verspätung ankam. Er war Tag und Nacht mit seinen Editionsprojekten beschäftigt. *Kodikas*, die Semiotik-Zeitschrift, die in Griechenland in griechischer Sprache, als Ursprache der Semiotik, gegründet wurde, musste wegen des Erdbebens in Thessaloniki plötzlich anderswo erscheinen. Gunter Narr war sofort dazu bereit. Achim war also gerade dabei, seinen Kontakt zu Gunter auszubauen, und nahm mich bei meinem kurzen Besuch in Deutschland zu einer Sitzung im Verlag nach Tübingen mit. Ich muss gestehen, dass ich mit etwas Beklommenheit ins Schwabenland fuhr. Die Erinnerungen an Besuche in meiner Kindheit bei donauschwäbischen Verwandten zum Deutschlernen hatten nicht nur positive Erfahrungen hinterlassen (bis auf die Familie von Onkel Lorenz Fleckenstein stand dort meine osteuropäische Herkunft stark diskriminierend im Vordergrund). Nach den befreienden Erfahrungen in Japan, wo diese ost-west-europäische postkoloniale Neurose nicht zu existieren schien und ich wirklich offen aufgenommen wurde, war ich besorgt, dass sich die Erfahrungen der Kindheit wiederholen würden. Durch die Herzlichkeit von Gunter und seiner damaligen Frau Brigitte haben sich meine Befürchtungen sofort zerschlagen. Vielleicht war auch mein früheres Sprachtraining in Schwäbisch dann doch nicht unnütz.

Durch die Zeitschrift *Kodikas/Code* war unser Leben von Anfang an mit dem florierenden Verlag von Gunter Narr verbunden. Seine unermüdliche Ermunterung war sicherlich eine der Kraftquellen dieses Projektes. Unvergesslich bleibt ein gemeinsamer Ausflug nach Schweden zur AILA-Konferenz in Lund im Jahre 1981. Gunter nahm uns in seinem schnellen Mercedes von Aachen aus mit und wir sausten fröhlich zu dritt mit Maximalgeschwindigkeit nach Lund. Gunter meldete immer stolz, wie viel Sprit er mit seinem „Verlegermercedes" verbrauchen konnte. Er formulierte mit kindlicher Freude: „Nun habe ich wieder 20 Liter Sprit durchgedrückt!" Damals hatte man bei Autos noch wenig Sinn für sparsamen Verbrauch, es ging um Leistung. In Lund fühlten wir uns wie auf einem Schulausflug. In der frischen Nordsonne des schwedischen Sommers schwimmend, gab es lustige Begebenheiten infolge meines Gerechtigkeitssinns. Ich musste mich nämlich immer in die Veranstaltungen hineinschmuggeln: Nach meiner Erinnerung betrug die Teilnahmegebühr 750 DM, was ich als wissenschaftliche Hilfskraft an der ersten deutschen Fakultät für Ostasienwissenschaften in Bochum für völlig überzogen hielt. Im Vorstand der Gesellschaft für Angewandte Linguistik versuchte mein Stiefvater György Szépe, zu dieser Konferenz eine Reduktion für Wissenschaftler in der Qualifikationsphase zu erwirken, was ihm jedoch nicht gelang. Es gab also zwei ordentliche Teilnehmer – Achim und Gunter – und ich als Kämpferin für den Nachwuchs wurde Huckepack mitgenommen. So konnte ich zwar, wenn nicht allzu streng kontrolliert wurde, bei den Vorträgen dabei sein, bekam aber keinen Zugang zu den Empfängen. Als wir einmal sahen, wie man direkt nach dem Empfang sackweise die Köstlichkeiten weggeschüttet hat, hat uns der Preis der Tagung

1996

Ludwig M. Eichinger /
Robert Hinderling
*Handbuch der
mitteleuropäischen
Sprachminderheiten*

Eines der vielen
Produkte einer langen
und gedeihlichen
Zusammenarbeit mit
dem IDS Mannheim.

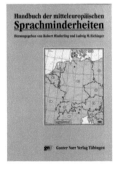

schon ziemlich aufgeregt. Das Ganze hatte aber auch etwas Gutes, denn es gab in der Nähe ein von Ungarn geführtes „italienisches" Restaurant, wo man immerhin nicht stehend essen musste.

Fast ein Selfie: Viktoria Eschbach-Szabo, Gunter Narr und viel schwedischer Himmel

Bei dieser Tagung wie bei anderen Gelegenheiten konnte ich sehen, mit wie viel Tatendrang, Begeisterung und zugleich auch Geduld Gunter die Autoren berät.

Die Zusammenarbeit mit dem Narr Verlag wurde natürlich einfacher, als wir 1992 nach Dußlingen bei Tübingen gezogen waren. Im Jahre 2003 wurden in unserer Scheune mit den beiden anderen Herausgebern Jürgen Trabant und Ernest Hess-Lüttich sowie vielen netten Gästen 25 Jahre *Kodikas / Code* gefeiert. Hier war es offenkundig, dass der Narr Verlag, nun in Hirschau, ein Fixpunkt unseres ganzen Lebens geworden war.

Bei den alljährlichen Besuchen der Frankfurter Buchmesse begrüßten Gunter und seine zweite Frau Sonja und der Mitarbeiter „mai Herr Schmied" uns stets überaus herzlich. Unsere Kinder betrachten ihn bis heute als einen Onkel. Der Verlag hat sich immer weiter sehr stabil und professionell entwickelt. Ich lebte dabei in einer Parallelwelt mit dieser Entwicklung. Während in Deutschland in den Ostasienwissenschaften die Sprachwissenschaft in den letzten 30 Jahren mehr oder wenig ganz abgeschafft

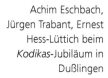

Achim Eschbach,
Jürgen Trabant, Ernest
Hess-Lüttich beim
Kodikas-Jubiläum in
Dußlingen

wurde, wuchs die Sprachwissenschaft in den verschiedenen Narr Verlagen erfolgreich und konnte sich weltweit behaupten. In der Verlagsproduktion konnte man sehen, dass man bei Sprachen und Kulturen ein gutes Auge haben und sich vor der Zukunft nicht verschließen sollte. Gunter ließ sich auch auf Projekte ein, die man damals vielleicht nicht gleich verstanden hat. Wer hätte gedacht, wie wichtig das Werk von Reinhold Kontzi zum Maltesischen werden sollte, in dem er sich der Beschreibung einer offiziellen europäischen Amtssprache (als Mischung von Französisch, Italienisch und Arabisch) zugewandt hatte. Hier erinnere ich mich sehr gerne an eine familiäre und dennoch fachliche Präsentation, an der ich teilnehmen konnte, weil die Gattin von Herrn Kontzi, Wilfriede, sich ihren Jugendtraum erfüllt hatte und nach der Erziehung von vier Kindern bei uns in Tübingen Japanologie studierte.

Gunter war auch derjenige, der mich nach mehreren Jahren der Motivierung überzeugen konnte, eine Einführung in die japanische Linguistik für Bachelor-Studenten zu verfassen. Irgendwann sah ich endlich ein, dass ich mich hier wieder gegen die Strömung stellen sollte. Seitdem dieses Buch erschienen ist, kann man Studenten darauf vorbereiten, dass die Japanologie ohne eine gründliche sprachliche Reflexion des eigentlichen Untersuchungsgegenstandes – der in Europa fremden Begriffe – doch unmöglich ist.

Als letzte Begebenheit möchte ich über die Begegnung mit Gunter in Shanghai 2015 beim Weltkongress der Germanisten berichten. Der Narr Verlag musste sich wie jeder Verlag den globalen und digitalen Anforderungen stellen und so wunderte ich mich nicht, als ich in Shanghai als erste Teilnehmer Gunter mit Frau Sonja und seinem Team traf. Gut gelaunt und munter wie immer trotzte er Hitze und bürokratischen Anforderungen und präsentierte seine Schätze. Begeistert verhandelte er wie üblich mit neuen Autoren. Immerhin war ich dann doch einmal in seinem Leben als Asienwissenschaftlerin nützlich. Ich wusste aus eigener Erfahrung, wie rutschig der Boden nach einem schweren Taifunregen sein kann. Als wir vom Konferenzbüro in ein anderes Gebäude zogen, rettete ich Gunter in letzter Minute vor einem Genickbruch auf den spiegelglatten Marmorplatten. Leider muss ich gestehen, dass ich beim Bestellen des Kaffees nicht ganz so erfolgreich war. Ob es mein Jetlag oder mein komisches Peking-chinesisch in Shanghai war, ich musste die Bestellung dreimal wiederholen. Da ist es so wie mit Hochdeutsch sprechen und Schwäbisch schwätzen: „Mir könnet net beides".

Ich schätze mich glücklich, mit Gunter Narr befreundet zu sein. In typisch schwäbischer Manier hat er als Mittelständler ein weltweit führendes Verlagsimperium aufgebaut. Im beschaulichen Tübingen manifestiert sein Werk, wie Sprachen und Kulturen sich entwickelt haben und sich ständig weltweit verändern. Auch in Zukunft gibt es also noch viel Stoff für seine verlegerische Arbeit. Dafür wünsche ich ihm von Herzen alles Gute.

1997
Willi Erzgräber
James Joyce

Eine Koryphäe der Joyce-Forschung: Niemand versteht Joyce, aber wer es versucht, kommt an Erzgräber nicht vorbei. Und ein ausgesprochen reizender Mensch war er auch noch.

Hans Joachim Madaus: Auf Goethes Spuren in Sizilien
Detail: Stadttor von Palermo, davor Figuren aus dem Park der Villa Palagonia in Bagheria

„Heute den ganzen Tag beschäftigte uns der Unsinn des Prinzen Pallagonia." (9. April 1787)

Brigitte Breuer,
Springer Nature

Ein Verlagskind im Familienbetrieb

Herzlichen Glückwunsch, Ihnen, lieber Herr Narr, und Ihrem Verlag, zum Doppelgeburtstag!

10 Jahre, von 2004 bis 2014, habe ich als Vertriebs- und Marketingleiterin für Narr Francke Attempto gearbeitet. Wie fast schon üblich in unserer Branche, war es eine spannende Zeit voller Veränderungen: amazon kam, PoD und das eBook, zuletzt Open Access. Lese- und Lernverhalten der Studierenden änderte sich, und in den Regalen der zunehmend filialisierten Sortimente finden Lehr- und Fachbuch immer weniger statt.

   Es hat mich über die Jahre sehr beeindruckt, wie offen Sie, lieber Herr Narr, solchen Veränderungen begegnet sind und sie vor allem als Chance begriffen haben. Oft haben Sie von der Kugelkopf-Schreibmaschine erzählt, dank der Sie „damals" schneller und günstiger produzieren konnten als der Wettbewerber mit dem Bleisatz; die Moral von der Geschicht' war: Man muss auf der Höhe seiner Zeit sein. Und dort auch bleiben!

Persönlich möchte ich mich für zwei Dinge besonders bedanken: Für Ihr großes, motivierendes Vertrauen in bzw. den Respekt für meine Arbeit und Ihr Entgegenkommen, wenn es darum ging, Vollzeitjob und kleines Kind unter einen Hut zu bringen. Vor allem Letzteres habe ich als unglaubliches Privileg empfunden: Kira hat ungezählte Stunden im Verlag verbracht, Frau Narr hat ihr vorgelesen, Sie haben sie die Hauspost verteilen lassen, beide haben Sie ihr die Einschulung mit einer Schultüte versüßt, sie mit einem Abschiedsessen mit geehrt und ihr immer das Gefühl gegeben, als „Verlagskind" willkommen zu sein. Das hat mir sehr viel bedeutet!

Ich wünsche Ihnen, lieber Herr Narr, und Ihrem Verlag ein spannendes, erfolgreiches und schönes Geburtstagsjahr und noch viele weitere Erfolge zum Feiern; Ihnen persönlich vor allem Gesundheit, Glück und Zufriedenheit. Es war schön, für Sie zu arbeiten!

Ihre
Brigitte Breuer

1998
Gert Ueding /
Thomas Vogel (Hrsg.)
*Von der Kunst der Rede
und Beredsamkeit*

Die Qual der Wahl
wird noch größer, der
Neuzuwachs Attempto
macht das Rennen mit
diesem Sammelband
voller großer Namen
von Roman Herzog bis
Peter Ustinov.

Prof. Dr. Bernhard Kettemann,
Karl-Franzens-Universität Graz

Von der Idee zum Erfolg durch Gunter

Ich kam im Jahr 1975 aus Konstanz an die Universität Graz, und bald war klar, dass es in der österreichischen Wissenschaftsszene zwar viele talentierte junge Forscher, aber nur wenige Publikationsorgane gab, schon gar keine, die in Österreich beheimatet waren. In jugendlichem Überschwang (damals) und von grenzenlosem Optimismus beseelt gründete ich kurzerhand eine neue Zeitschrift und nannte sie „Arbeiten aus Anglistik und Amerikanistik" (AAA). Dies geschah zunächst im Hausverlag, das heißt ich bekam die Manuskripte (u. a. mit handschriftlichen Korrekturen), musste sie eigenhändig auf einer mechanischen Schreibmaschine abtippen und verbessern, um ein einheitliches „Gesicht" herzustellen, und dann gingen die Artikel an die hauseigene Druckerei der Universitätsbibliothek Graz. Diese war damals schon recht professionell ausgestattet (dachte ich). Diese „grey literature" war zu dieser Zeit vor allem für die junge Disziplin der Linguistik von großer Bedeutung und wurde von der internationalen scientific community sehr be- und geachtet. Mein Ziel war es nun, nach den ersten Erfolgen in der Linguistik den nächsten Schritt zu wagen und einen „richtigen" Verlag für meine Zeitschrift zu finden, die sich sehr bald auch thematisch in Richtung Literatur- und Kulturwissenschaft erweiterte. Und ich kontaktierte Gunter Narr, von dem ich wusste, dass er eben einen linguistischen Verlag in Tübingen gegründet hatte – die ersten von ihm verlegten Bücher interessierten und begeisterten mich durch Inhalt und Qualität. Ich bot ihm also meine junge Zeitschrift an, und er schlug zu, da sie sein Verlagsprogramm sinnvoll ergänzen konnte. A typical win-win situation.

Welch ein Unterschied zwischen einer Hauspublikation und einer von einem richtigen Verlag betreuten Zeitschrift! Mein Idealismus hat zwar bis heute nicht nachgelassen, aber wichtig war für mich ab diesem Zeitpunkt auch die Professionalität eines Verlages. Das bewundere ich an Gunter: Was er anpackt, gelingt, und er gibt nicht auf, bis es gelingt. Und so hat er mich begleitet: Er hat meine Bücher verlegt, hat mich ständig motiviert und animiert und bringt nun meine Zeitschrift AAA bald in ihrem 45. Jahr heraus. Wir sind fast von Anfang an dabei. Welch ein Privileg.

Wenn man all diese Jahre zurückblickt: Der Gunter Narr Verlag wurde 1968 gegründet, im berühmten Revolutionsjahr. Vielleicht war er auch ein Teil der Revolution. Es gab hier bei uns wenig „graue Literatur", im Gegensatz zu den USA, wo viel „work in progress" schon vorab diskutiert werden konnte und in der Linguistik zu großem Fortschritt beigetragen hat. Gunter hat hier wichtige Pionierarbeit geleistet. Ich habe noch die Coseriu-Vorlesungsnachschrift aus dem SS 1968 in Tübingen „Einführung in die Transformationelle Grammatik" (Tübingen 1970) griffbereit im Regal. Nicht, dass ich jetzt täglich reinschaue, aber die Bewunderung für die Aufnahmebereitschaft, den Verbreitungswillen, das Qualitätsgespür, die Themenentwicklung in den 70ern ist Gunter bis heute geblieben.

Beim letzten Besuch beim Stand des Narr Verlages auf der Frankfurter Buchmesse 2018 wurde übrigens kein Sekt serviert, sondern ein bairisches Bier in Narr Krügeln. Na also, „the times, they are a-changing".

But Gunter does not change.

Mach weiter so. Alles Gute zu deinem 80er!

1999
Elke Platz-Waury
Drama und Theater,
5. Aufl.

Ein unsterblicher Klassiker, 1978 zuerst erschienen, 2019 immer noch lieferbar!

Prof. Dr. Dr. h. c. Fritz Nies,
Heinrich-Heine-Universität Düsseldorf

Gunter Narr tel qu'en lui-même …?

Lieber bewunderungswerter Jubilar,

Briefe sollte man, laut Benimmbuch meiner Studienzeit, nie mit „Ich" anfangen. Also: *Praenomen*, das weiß jeder Lateinschüler, *est Omen*. Für mich besteht so nicht der geringste Hauch eines Zweifels: Der Empfänger dieser Glückwunsch-Adresse war vorherbestimmt, schon bei Lebzeiten zur literarischen Figur erhöht zu werden, ja weit mehr noch, zur Inkarnation des Deutschseins überhaupt. Diese Gewissheit danke ich der Lektüre eines Romans, zu dessen Handlungsträgern ein Grüppchen von Franzosen wird. Sie reisen nach Deutschland, um einen jungen Landsmann zu besuchen, der dort eine Lehre macht. Vor allem aber wollen sie das rätselhafte Land und seine Bewohner verstehen lernen. Schnell wird ein deutscher Student namens Gunther zur Schlüsselfigur. Wohl um kein Persönlichkeitsrecht zu verletzen, hat der Romancier diese Gestalt leicht verfremdet durch einige neue Charakterzüge, Änderung des Studienorts innerhalb des *Ländles* und ‚Germanisierung' des Rufnamens vermittels eines sehr stark aspirierten H. Doch solch harmlose kleine Tricks hindern niemand daran, sofort den künftigen Großverleger zu erkennen. Möge er selbst urteilen:

> « C'est un type formidable. […] A vingt-deux ans, il achève ses études à l'Université de Heidelberg. De philoquelquechose, logie ou sophie, ou les deux : c'est un ogre. » – « Intelligent ? » ai-je demandé. « Ho la la ! » a répondu Pacome. « Caractère ? Tempérament ? » – « Du tonnerre ! »[1]

Verkürzen wir die Nacherzählung einer stetig wachsenden deutsch-französischen Faszination trotz vielfacher Spannungen. Die Begegnung, wie der durch sie verursachte kulturelle Schock,

---

1 Maurice Genevoix, *Lorelei. Roman*, Editions du Seuil 1978. Zitiert nach Livre de Poche, tirage 1981, S. 40. Zum Folgenden vgl. ebd. S. 208.

wird ausklingen mit einer innigen Umarmung Gunthers und seines neuen Freundes Julien. Ob beide später Verleger wurden und in einer ungeschriebenen Fortsetzung Chancen binationaler Verlags-Kooperation erprobten, bleibt für den Romanleser offen. Ob Maurice Genevoix mehr darüber wusste, können wir nur vermuten. Außenstehenden jedenfalls bleibt eine harte Nuss zu knacken.

1. Kleine Schwabologie-Lektion

Darf der Tübinger im präfiktionalen Zustand – sozusagen als literaturhistorischer Rohdiamant[2] – überhaupt ein echter Schwabe genannt werden? Zweifellos kann er nicht nur alles, sondern sogar Hochdeutsch und andere Fremdsprachen, und zwar sowohl praktizieren als auch analysieren. Doch wie steht es um weitere identitätsbildende Vorzüge und Fähigkeiten, wie man sie an unseren Schwaben so besonders schätzt? Schauen wir genau hin, ob und gegebenenfalls auf welche Weise unser Jubilar zeitlos tiefgründige Weisheiten der schwäbischen Volksseele in die heutige Welt überträgt. Wie etwa ist er eingestellt hinsichtlich des Merkpostens *Sich dia alde Zeidonga vom Nochbr gäba lassa*? Aber ist mit dieser Empfehlung ganz generell die unüberbietbare, pietistisch verwurzelte Sparsamkeit des Volksstamms angesprochen? Oder geht es konkret um den Einzelfall eines Recycling von Wartburgs *Evolution et structure de la langue française*, in elfter Auflage von 1988, als Tübinger TB? Was eine definitive Antwort auf die Kernfrage betrifft, wie es Gunter Narr denn mit der Treue zu einem zentralen Theorem des Schwabentums halte, sollten wir uns daher noch ein wenig gedulden. Wie dagegen sieht es aus bei der Maxime *Greesere Schridd macha zom d'Absädz schbara*? Sollte das im vorliegenden Fall bedeuten, seit Anbruch des Globalisier-Zeitalters könnten Wissenschaftsverlage nur überleben durch Vergrößerung via kostensenkende Zukäufe,

---

2   Hier und im Folgenden bin ich bemüht, der Gattung des Gedenktags-Panegyrikus gemäß ein hell erstrahlendes Netz kühner, origineller erhabener Metaphern du Superlative über meinen Text zu breiten. Man vergleiche damit den feinsinnigen Kontrast einer gegenläufig deftigen Bildersprache von anschließenden schwäbischen Volksweisheiten für den Alltagsgebrauch.

um damit hochriskante Monokulturen zu vermeiden? Weil man jetzt eben breiter aufgestellt sein und eine Auswahl bieten müsse *wia d'Mäus en de Huzzla*? Richtet sich der Hinweis *An Oschdara Grischkendla kaufa, no senn se am billigschda!* unter anderem oder ganz speziell an Buch-Produzenten, um ihnen ans Herz zu legen, bei Arrondierung ihrer Verlage eine antizyklische Strategie zu verfolgen ? Wieder und wieder scheint es geraten, die Klärung der Kernfrage nach dem Verhältnis von Gunter Narr zur ur-schwäbischen Weltanschauung zwecks semantischer Vorklärung noch aufzuschieben.

Hier, lieber und langjähriger Freund, der Sie längst geschliffen wurden vom *Carbonado do Sérgio* zum vielkarätig strahlenden Brillanten des Mikro-Universums unseres Wissens von Kultur, hier also sehe ich Sie amüsiert schmunzeln. Wie sollten auch er-kennungsdienstliche Methoden Erfolge zeitigen bei einem, von dem man munkelt, er sei dereinst im Tübingen Coserius zum strukturalen Linguisten durchgestylt worden, wogegen besagte Methoden entwickelt wurden von hermeneutistisch gedrillten Literarhistorikern? Was wir also dringend nötig hatten, um dem Phänomen des zeitnah mit 21 Salutschüssen zu Ehrenden gerecht zu werden, war offenbar eine ganz andere Art des methodischen Zugriffs.

2. Philo-Cyberspaceologie in Progress?

An dieser Schwachstelle dürfte ein Exkurs hilfreich sein aus der Bio- in die Autobiographie. „F. Nies aime les statistiques", verlautbarte der Rezensent eines Produkts meiner Feder (und dies recht passend gerade in einer Zeitschrift des Gunter Narr Verlags), um mein Verfahren kurzweg als „méthode quantita-tive" abzustempeln und unmissverständlich anzudeuten, von beidem halte er nicht viel.[3] Meine Replik belegte ebenso deut-lich, dass und warum jenes Verdikt unzutreffend und ein Auge

2000
Stefan Pfänder
*Aspekt und Tempus
im Frankokreol*

Ein persönlicher Meilenstein unserer dienstältesten Lektorin Kathrin Heyng: ihr erster komplett von A bis Z eigenständig betreuter Band. So einen hat jeder von uns, aber nicht zwingend zu einem so schönen Thema.

---

3   *Papers on French Seventeenth Century Literature* 30, 58, 2003, S. 219, 222. Zum Folgenden meine Replik in *Papers on French Seventeenth Century Literature* 31, 61, 2004, S. 223–230, sowie meine weit zurückliegenden kritischen Rezensionen von Duchêne in *Zeitschrift für Romanische Philo-logie* 88, 1973, S. 708 sowie *Zeitschrift für französische Sprache und Literatur* 84, 1974, S. 186–189.

des Berichterstatters beim Lesen an akuter Blindheit erkrankt gewesen sei. Doch es soll heute nicht um eine skurrile Kontroverse gehen, die weitgehend deutbar war teils als Retourkutsche, teils als Verteidigung eines Deutungsmonopols gegenüber unerwünschter Konkurrenz durch Ausländer. Richtig lag der damalige Zensor lediglich mit dem Verdacht, ich sei der Beachtung auch quantifizierender Teilresultate nicht abgeneigt. Denn mir, dem Abiturienten eines Naturwissenschaftlichen Gymnasiums, waren die sog. ‚exakten‘ Fächer sehr vertraut, deren Praxis ohne Messen und Wiegen, Berechnungen und Zahlenverhältnisse undenkbar wäre. Die Sprachenfächer dagegen kamen fast ausnahmslos ohne Zahlen aus, was mir seinerzeit nicht weiter auffiel. Doch auch an der Universität änderte sich nichts an dieser grundlegenden Zweiteilung. Da traf ich, als Germano-Romanist mit literarischem Schwerpunkt, jene Disziplinen wieder, denen meine neuen Lehrer öden Zahlenfetischismus und fade Gleichmacherei ankreideten. Auf der anderen Seite – nun der meiner Studienfächer – amtierten professorale Hohepriester dessen, was sie feierlich zum Herausragenden, Unvergleichlichen, zahlenmäßig angeblich nicht recht Erfassbaren erhoben hatten, bei gleichzeitig striktem Verbot vergleichender Messversuche. Das begann harmlos bei fürsorglicher Privilegierung von Hapaxlegomena und Erstbelegen in historischen Wörterbüchern einerseits und deren Verzicht auf Angaben zu Wortfrequenzen andererseits. Und es endete mit dicken Wälzern über Goethes *Faust* und Molières *Avare*. Seitdem verfolgte mich eine fixe Idee: Die beiden gegnerischen Heerlager könnten voneinander lernen und, nach schier endlosem Grabenkampf, Waffenstillstand oder gar Frieden zu beidseitigem Nutzen schließen. Wie ließ sich ausschließliches Interesse am einmalig Empfundenen hier, an Mengen von normiert Gleichartigem da zwecks Exegese in eine akzeptable Balance bringen? Die optimale Lösung dieses Problems dürfte mich noch für den Rest meiner irdischen Tage beschäftigen. Aber was hat dieses ganze epistemologische Gefasel mit unserem langsam genervten Jubilar zu tun?

3. Verleger Narr – einer unter zählbar vielen seinesgleichen?

Lieber Glückspilz mit der Zusatzzahl fünfzig! Als Vorsitzender der aus mir bestehenden Jury lege ich Ihren Konkurrenten und dem gesamten Erdkreis nun eines jener Rechenexempel vor, für die ich berüchtigt sein soll. Die Preisfrage lautet: Haben Zahlen im vorliegenden Doppel-Jubiläumsfall eine gewisse – wenn auch begrenzte – Aussagekraft oder nicht? Auszugehen ist dabei von meiner ähnlich jubiläumsreifen Aktivität (1964–2016) in Narr'scher Größenordnung, als Autor etlicher Monographien sowie Herausgeber thematischer Buchreihen und Sammelbände. In dieser Dreifachrolle bekam ich es mit 15 Verlagen zu tun. Bei jedem von ihnen wurden im Schnitt 7,5 Bände publiziert, was eine Summe von 112 Bänden ergibt. Die Frühphase dieser quintessentiellen Handbibliothek war geprägt von Kommunikationsmitteln, die uns heute vorsintflutlich anmuten. Aus diesem Grund wurden insgesamt 40 Arbeitstreffen mit Verlagsvertretern erforderlich. Nur sechsmal nahmen sich dafür drei Inhaber persönlich Zeit zur Wahrung ihrer Interessen. Von einem weiteren wird noch die Rede sein. Bei diesen Begegnungen entfielen insgesamt ca. 13.739 km auf die Anreisen, was in etwa der Strecke vom Nordpol[4] nach Australien gleichkommt. In den weitaus meisten Fällen gab es eine stillschweigende Übereinkunft der Beteiligten, dass die Anreise meine Sache sei. Und, weil ich mich jetzt unaufhaltsam den symbolschwangeren Kleinigkeiten nähere: Bei meiner Ankunft im jeweiligen Verlagsdomizil galt das vom Benimmbuch vorgeschriebene Anbieten eines Willkommen-Schlucks keineswegs als zwingende Norm.

4. Gunter der Einmalige

Zwischen noch zu erwähnenden Glanzlichtern der Soziabilität folgten Gunter Narr und die Seinen nie der Maxime „Aus den Augen, aus dem Sinn". Sein Verlag ist der Einzige, von dem ich je statt der üblichen vorgedruckten Wunschkarten fürs neue Jahr zur Adventszeit Päckchen bekam, die kleine originale Aufmerk-

---

4   Die nicht zwingend notwendige, aber anscheinend sehr beliebte Anreise von Deutschland zum Pol bleibt dabei unberücksichtigt.

samkeiten enthielten, sei es eine kreative Auswahl selbstgebackener *Plätzle* oder ein Mobile mit Rundflug-Weihnachtsengel.

Narr ist der Einzige von allen beteiligten Verlagsinhabern, bei dem ich nicht genau zu sagen wüsste, wo und wie oft wir uns begegneten, oder wann es sich dabei um reine Arbeitstreffen handelte. Wir haben uns gesehen in Tübingen und Düsseldorf, in Freiburg und Stuttgart, am Rand von Romanisten-Kongressen, bei einem von mir moderierten Podiumsgespräch zum deutsch-französischen Literaturaustausch, zur Trauerfeier für einen Autor seines Hauses oder beim ersten Jubiläumsfest des Verlags. Treffpunkt oder krönender Abschluss des Beisammenseins – ob in der schwindelnden Höhe eines Fernsehturms, im Restaurant oder im Festzelt zu ebener Erde – waren fast ausnahmslos gemeinsame Gaumengenüsse, für die der atypische Verleger gerne die Rolle des Gastgebers beanspruchte.

5. Ausweg aus einem alten Dilemma?
Der Einmalige und die Zahlen

Fassen wir zusammen: Eine scheibchenweise Prüfung auf Herz und Nieren des Jubilars per Computer-Tomographie ergab keinerlei Befund für vermutete schwäbische Krankheiten wie Raffgier und Geiz. Ebenso wenig ließen sich Spuren viraler Infektionen vermutlich rheinischer Herkunft, wie Leichtsinn und Verschwendungssucht, oder sonstiger regional verbreiteter Epidemien nachweisen. Dem Untersuchten kann vielmehr ein gesamtdeutsch wirksames intaktes Immunsystem im Umgang sowohl mit seinem Zeitbudget als auch mit dem öden Mammon bescheinigt werden. Der schlagende Beweis: Die anderen Verlage, mit denen ich zusammenarbeitete, haben seitdem ausnahmslos ihren Besitzer gewechselt (vorläufiger Wechselrekord: fünfmal). Einzig beim Narr Verlag ist der Gründer noch immer identisch mit dem jetzigen Inhaber. Die stolze Bilanz eines für die Verlagsbranche stürmischen halben Jahrhunderts findet ihren perfekten Ausdruck im trotzigen *Fluctuat nec mergitur!* Die Narr'sche Verlagstrinität ist ungemein breit aufgestellt, sogar hinsichtlich der sozialen Kompetenz und feinbäckerischen Kreativität des tüchtigen Teams, in dem Buch-Amazonen, kenntlich an einer Durchwahl-Nummer, gewiss tragende Rollen spielen. Dazu dürften

2001
Jörg Roche
Interkulturelle Sprachdidaktik

Unser erster „Roche" und zugleich der Beginn einer langen und produktiven Verleger-Autor-Beziehung. Mögen noch viele weitere Bände folgen!

Auswahlkriterien bei Bewerbungen einiges beitragen. Vorläufig nicht belegen ließ sich allerdings die Zuverlässigkeit eines (hinter vorgehaltener Hand verbreiteten) Gerüchts, Bewerber hätten sich, unabhängig vom Geschlecht, einer Prüfung im *Plätzlebacka* zu unterziehen. Zum Fitness-Training des Jubilars soll, wie man vernimmt, noch immer die Ausübung des alpinen Skisports gehören. Daher will ich als bewunderungsvoller, aber höchst laienhafter Flachländer zaghaft versuchen, den Verlags-Champion mit einer einschlägigen Metaphern-Kreation zum Slalom zu würdigen. Natürlich böten sich beim Torlauf die roten und blauen Stangen, zwischen denen der künftige Sieger hindurchfahren muss, für verschiedenste Deutungen an. Dem konservativen Anhänger der wissenschaftlichen Einmaligkeitsreligion[5] mögen sie nicht mehr darstellen als ungezählte Hindernisse, die der Unvergleichliche glorreich überwindet. Ich dagegen bin felsenfest überzeugt, dass im Falle des ganz und gar einmaligen Verleger-Champions Narr rote Stangen die wissenschaftlichen Best- und Steadyseller versinnbildlichen, deren stolze Verkaufszahlen die Publikation auch jener blauen Halbfertigprodukte möglich machen, die (wie nicht selten die meinen) nur bescheidene Auflagen für die *happy few* anstreben können. Gunter Narrs verlegerische Genialität und schöne, wenn auch keineswegs grenzenlose Solidarität mit der blauen Gruppe dürfte nicht zuletzt darin bestehen, beide Zahlen sorgsam vergleichend abzuwägen und, sei es beim Slalom oder schnellsten Super-G, stets mit traumhafter Sicherheit zwischen beiden Toren bzw. Zahlen hindurch die ideale, weil direkte Fall-linie zu finden, nach dem schlichten Motto folgend: Wenn heute schon Computer viel besser und schneller rechnen können als jeder Philologie-Professor, dann sollte man das auch nutzen. Dies gepaart mit bewährter Siegermentalität, beides zugleich Garantie ungewohnter verlegerischer Langlebigkeit, verspricht eine glänzende Zukunft für Mann wie Verlag. Als langjährig treues Mitglied des Narr-Fanclubs stimme ich daher ein in den druckfrischen Jubelchor zu Ihren Ehren und schließe mit einem herzlichen *Ski-Heil* und *ad multos annos!*

---

5   Siehe dazu und zum Folgenden oben Kap. 2.

Hans Joachim Madaus: Auf Goethes Spuren in Sizilien
Detail: Cappella Palatina in Palermo

„Etwas Ähnliches ist es mit den Kirchen, wo die Prachtfülle der Jesuiten noch überboten ward, aber nicht aus Grundsatz oder Absicht, sondern zufällig." (5. April 1787)

Prof. Dr. Annemarie Pieper,
Universität Basel

Persönlich im Einsatz für die Linguistik

Vor etwa 30 Jahren besuchte mich Gunter Narr zusammen mit Rainer Moritz, dem damaligen frisch promovierten Cheflektor des Francke Verlags (heute Direktor des Hamburger Literaturhauses) in Basel. Ich war bass erstaunt und überaus erfreut, dass ein Verleger sich höchst persönlich um potentielle Autorinnen und Autoren bemühte. Aufgeräumt, mit viel Gelächter, unterhielten wir uns zu dritt über interessante philosophische Themen. Ich hatte selbst gerade kein Projekt in der Pipeline und erwähnte nur nebenbei, dass der Beck Verlag leider keine zweite Auflage meines 1985 erschienenen Buchs „Ethik und Moral" vorsah. Nur wenig später erhielt ich von Gunter Narr einen Vertrag über eine weitere Auflage im Francke Verlag, die 1991 unter dem neuen Titel „Einführung in die Ethik" erschien und 2017 die 7. Auflage erlebte.

Gunter Narr war immer ansprechbar auch für Manuskripte, deren Verkaufserfolg sich nicht absehen ließ, wie z. B. die von mir herausgegebenen Sammelbände über die Geschichte der neueren Ethik (1992) und die Gegenwart des Absurden (1994). Deshalb habe ich mich ganz besonders gefreut, als die Universität Basel – gestützt auf den von allen Geisteswissenschaftlern begrüßten Vorschlag meines romanistischen Kollegen George Lüdi – Gunter Narr die Ehrendoktorwürde der Philosophisch-Historischen Fakultät in Anerkennung seines vorbildlichen Einsatzes für Publikationen linguistischer Fachliteratur verliehen hat. Ich erinnere mich noch gut an den glücklich-überraschten Gesichtsausdruck, mit dem er die Urkunde vom Dekan in Empfang nahm.

Prof. Dr. Dr. h. c. Erika Fischer-Lichte,
Freie Universität Berlin

Ein Fundament von 1000 Seiten

Nachdem ich mein Buch *Bedeutung* Ende der 1970er Jahre abgeschlossen hatte, sah ich die Voraussetzungen geschaffen, um
ein lange geplantes Vorhaben in Angriff zu nehmen. Seit meinem Studium der Theaterwissenschaft an der Freien Universität
Berlin in den 1960er Jahren trieb mich der Wunsch um, das
Fach, das nach seiner denkwürdigen und vielversprechenden
Gründung durch Max Herrmann von seinen Nachfolgern aus
meiner Sicht bis zur Unkenntlichkeit ruiniert war, endlich wieder
auf wissenschaftliche Grundlagen zu stellen. So begann ich die
Arbeit an meiner *Semiotik des Theaters*. Je mehr Desiderate mir
bewusst wurden, desto stärker begann das Unternehmen sich
auszuwachsen. Es galt, von der Semiotik her auf den Gebieten der
Theatertheorie, Theatergeschichte und Aufführungsanalyse neue
Ansätze zu entwickeln, und so füllten sich Seiten über Seiten, bis
zuletzt fast 1000 Seiten in Maschinenschrift vorlagen. Bei diesem
Befund wandelte sich meine Begeisterung, mit der ich zu Werke
gegangen war, in Besorgnis. Welcher Verlag würde bereit sein, ein
solches Risiko einzugehen?

In meinem Bücherregal befanden sich auch die von Gunter
Narr veröffentlichten Mitschriften der Tübinger Vorlesungen Eugenio Coserius, die ich eifrig studiert hatte. Inzwischen hatte sich
aus diesen Mitschriften ein respektabler Wissenschaftsverlag mit
einem ganz eigenen Profil entwickelt – einem Profil, zu dem aus
meiner Sicht meine knapp eintausend Seiten gut passen würden.
Und so übersandte ich sie an den Verleger. Als Konsequenz erschien 1983 meine *Semiotik des Theaters* in drei Bänden, die auch
einzeln erworben werden konnten, im Verlag Gunter Narr. Damit
begann eine jahrelange, höchst produktive und freundschaftliche
Zusammenarbeit, die bis heute andauert.

Ich gratuliere dem Verlag zu seinem 50-jährigen Jubiläum und
wünsche ihm für die nächsten 50 Jahre weiterhin viel Erfolg. Dem

Verleger gratuliere ich sehr herzlich zu seinem 80. Geburtstag! Mit seinem Spürsinn für wichtige neue Tendenzen, seinem Sinn für Qualität und seiner unternehmerischen Risikobereitschaft hat er ein bedeutendes Lebenswerk geschaffen: Lieber Gunter Narr, ich danke Ihnen für viele Jahre einer wunderbaren Zusammenarbeit!

2002

Francisco C. Adrados
Geschichte der griechischen Sprache

Auch wenn dieser Übersetzung aus dem Spanischen der kommerzielle Erfolg versagt blieb – wir erinnern uns an eine schöne und intensive Zusammenarbeit.

utb Verlagskooperation

Kollegiale Grüße aus Vaihingen

Ein großes Chapeau auf den Jubilar und die Verlagsgeschichte – und herzlichen Glückwunsch!

Es gibt viele Begegnungen mit Gunter Narr, die mir in den 22 Jahren meiner Tätigkeit bei utb in Erinnerung geblieben sind. So hatte er lange Jahre das Amt des utb-Kassenprüfers inne, wozu wir ihn einmal jährlich bei uns in Stuttgart-Vaihingen begrüßen durften. Oft kam er mit einem kleinen Geschenk, immer aber mit freundlichen und lobenden Worten über die Kassen- und Rechnungsführung. Auf der Gesellschafterversammlung stellte er dann den Bericht vor, niemals ohne sich bei mir zu bedanken. Etwas, was nicht immer selbstverständlich ist und im täglichen Arbeitstrubel doch ab und zu sehr guttut. In Erinnerung sind mir auch die Gespräche mit ihm und seiner Frau Sonja auf Messen und Gesellschafterversammlungen, bei denen wir uns über unsere gemeinsame Leidenschaft, das Reisen, rege austauschen konnten. „Welche Krawatte hat Herr Narr heute wohl an?", eine Frage, die ich mir regelmäßig auf der Frankfurter Buchmesse morgens stellte. Es gibt wohl kaum einen Verleger, der solch eine beeindruckende Krawattensammlung wie Gunter Narr sein Eigen nennt. Für jeden Anlass und jede Farbgebung das passende Motiv. In Frankfurt kam natürlich die Bücherkrawatte zum Einsatz.

Neben diesen persönlichen Eindrücken bleibt selbstverständlich vor allem die Freude darüber, dass Gunter Narr seit 1984 kontinuierlich ein bedeutendes Programmangebot in utb aufgebaut hat und kontinuierlich weiter ausbaut.

Susanne Ziegler,
Prokuristin / Marketing

Zu meiner Anfangszeit bei utb bezogen wir während der Frankfurter Buchmesse Quartier im Hotel Salina in Bad Soden – wie Herr Narr und die Kolleginnen und Kollegen vom Verlag Narr Francke Attempto. Egal ob Frühstück oder Abendessen – es war immer ein herzliches Miteinander und selbst bei der Fahrt zur Messe konnte man sich auf die Hilfsbereitschaft und das nette Angebot von Herrn Narr, bei ihm im „schicken Daimler" mitzufahren, verlassen. Für mich als Messeneuling eine echte Hilfe!

Karin Bürkle,
Marketing

Zu Zeiten, in denen der Verlag Narr Francke Attempto über die Kooperation forum independent im Buchhandel vertreten wurde, war der utb-Buchhandelsinnendienst auch der Innendienst von forum independent. Somit durften meine Kollegin und ich zweimal jährlich mit dem Forummobil nach Hirschau fahren, um der lebhaften Vorstellung des Neuheitenprogramms zu lauschen. Abends wurde es dann besonders gemütlich. Ich erinnere mich gerne an leckeres Essen, guten Wein und vor allem an viele schöne Geschichten, die Herr Narr mit seinem unnachahmlichen Humor zum Besten gab.

Andrea Euchner,
Vertriebsleitung stationärer Buchhandel und Bibliotheken

Prof. Dr. Dr. h. c. Norbert Richard Wolf,
Universität Würzburg

Über Gunter Narr, den Bücher-Macher

1. Vom Buch

Der mittelhochdeutsche Dichter Hartmann von Aue stellt sich in seinem epischen Werk *Der arme Heinrich* (in den 1190er-Jahren entstanden) vor:

Ein ritter so geleret was,	Ein Ritter war so gelehrt,
daz er an den buochen las,	dass er in den Büchern las,
swaz er dar an geschriben vant.	was immer er darin geschrieben fand.

[Mhd. Text aus dem ‚Projekt Gutenberg‘, nhd. Übersetzung von Hartmut Freytag.]

Der Ritter Hartmann von Aue bezieht seine Gelehrsamkeit nicht aus Büchern, sondern die Gelehrsamkeit äußert sich darin, dass er in Büchern liest. Diese Charakteristik ist bedeutsam: Es gibt – das lässt die Formulierung schließen – mehrere Grade der Gelehrsamkeit, die ein Mensch erringen kann. So kann jemand durchaus gelehrt sein, ohne dass er ein Buch liest. Bei unserem Ritter ist dies aber anders: Der *daz*-Satz im zweiten Vers ist ein ‚Gradsatz‘, der als Attribut zum Adjektiv resp. Partizip *geleret* den Grad der Gelehrsamkeit angibt, der durch die Gradpartikel *so* noch hervorgehoben wird.

Hier äußert sich ein großer Respekt vor dem Medium Buch, das, wie gesagt, nicht Quelle von Gelehrsamkeit, sondern Anzeichen für den höchsten Grad an Gelehrsamkeit ist. Diese Äußerung zeugt nicht nur von dem großen Respekt vor dem Buch, sondern auch von der Dignität, die diesem Medium zukommt.

2. Die Skripten

Vor mir liegen zwei broschierte Bücher, die ich nach eigenen Notizen im Jahre 1969 erworben habe:

> E. Coseriu: Einführung in die Strukturelle Linguistik. Vorlesung gehalten im Winter-Semester 1967/68 an der Universität Tübingen. Autorisierte Nachschrift besorgt von: Gunter Narr und Rudolf Windisch

> E. Coseriu: Einführung in die Transformationelle Grammatik. Vorlesung gehalten im Sommer-Semester 1968 an der Universität Tübingen. Autorisierte Nachschrift besorgt von: Gunter Narr und Rudolf Windisch

Diese beiden Broschüren sind als bloße Vorlesungsmitschriften gekennzeichnet. Alle Merkmale, die ein Buch auszeichnen, das in einem Verlag erschienen ist, fehlen. Nur ein Titelblatt, das mit dem Text auf dem Umschlag identisch ist, ist als modernes paratextuelles Phänomen erkennbar. Der Katalog der Universitätsbibliothek Würzburg vermerkt für beide Skripten 1969 als Erscheinungsjahr.

Von Bedeutung ist zweierlei:

\ In den späten 60er-Jahren wurden gerade in Deutschland, und zwar sowohl im Osten als auch im Westen, die für viele neuen theoretischen Ansätze des Strukturalismus und des Transformationalismus heftig diskutiert. Durch ihre „Nachschriften" ermöglichen Narr und Windisch durch pointierte Einführungen, an der Diskussion teilzunehmen und einen eigenen Standpunkt zu finden, zumal da Coseriu in diesen „Nachschriften" auch kritische Stellungnahmen nicht scheut.

\ Narr und Windisch machen zwei Bücher; um die fotomechanisch vervielfältigten Texte fügt sich ein Einband, und an den Anfang wird, wie gesagt, ein Titelblatt dazugefügt. Die ‚Bücher-Macher' greifen gezielt auf fundamentale Merkmale des Mediums Buch zurück.

Dem Sprachhistoriker sei es gestattet, festzustellen, dass die Produkte aus dem ‚Hause Narr' einen ähnlichen Weg gehen wie das Buch nach der Erfindung des Buchdrucks. Es dauert einige Zeit, bis die damaligen Skripten sich zu Büchern wandeln. Und wie z. B. die frühen Flugschriften die Aufgabe hatten, öffentliche Diskurse zu ermöglichen und zu steuern, so sollen auch diese beiden Skripten die fachlichen Diskurse ermöglichen und Stellungnahmen dafür liefern.

3. Der Verleger

Im Jahre 1970 erschien eine weitere Vorlesungsnachschrift, und zwar der erste Teil der *Geschichte der Sprachphilosophie von der Antike bis zur Gegenwart*, wiederum mit der Notiz „Vorlesung gehalten im Winter-Semester 1968/69 an der Universität Tübingen". Der Unterschied zu den ersten beiden Skripten ist beachtlich: Zwar weist das Titelblatt das Buch wieder als „Nachschrift" aus, doch auf der Seite links vom Titelblatt steht der Reihentitel „Tübinger Beiträge zur Linguistik | herausgegeben von Gunter Narr", und der vorliegende Band hat die Nummer 11 in dieser Reihe. Unten auf dieser Seite steht das Signet, die Initialen TBL in einer Raute. Die Rückseite des Titelblattes enthält u. a. eine ISBN. Der Weg vom Herausgeber ‚Grauer Literatur' zum Verleger ist getan.

Der zweite Teil der *Sprachphilosophie*, 1972 erschienen, wirkt schon viel professioneller: Der Umschlag ist graphisch gestaltet, die üblichen Angaben sind rechtsbündig gesetzt, der Umschlag ist gelb gefärbt. Der erste Teil der *Sprachphilosophie* ist noch von Gunter Narr und Rudolf Windisch herausgegeben, der zweite Teil von Gunter Narr allein.

1975 erschien noch einmal eine „Vorlesungsnachschrift": *Leistung und Grenzen der Transformationellen Grammatik* („Herausgegeben und bearbeitet von Gunter Narr"). Sowohl der Umschlag als auch das Titelblatt vermerken „TBL Verlag Gunter Narr". Der letzte Schritt vom Assistenten zum selbständigen Verleger ist getan.

Heute kann Gunter Narr geradezu auf ein Imperium blicken: Der Narr Francke Attempto Verlag ist einer der größten und wichtigsten sprachwissenschaftlichen Fachverlage in Deutschland. Dazu kommen weitere Fachgebiete wie Literatur-, Medien- und Kulturwissenschaft, Geschichtswissenschaft, Gesellschaftswissenschaften und seit Neuestem auch Wirtschaftswissenschaften (UVK-Verlag).

2003
Andreas Rumler
Tübinger Dichter-Spaziergänge

Wo man geht und steht, hat man historisches Pflaster unter den Füßen. Auf wessen Spuren man spaziert, kann man hier nachlesen.

4. Zum Jubilar

Ich bewundere diese eindrucksvolle Leistung, die sich schon darin manifestiert, dass sowohl ein Verlagskatalog als auch der Internetauftritt des Verlags und des Verlegers geradezu eine Wissens- und Erkenntnisquelle ist, die voll der Anregungen ist und auf Vieles neugierig macht. Ich habe Gunter Narr in mehrfachen Rollen kennengelernt und erlebt:

\ Als einen Verleger, der nicht wartet, dass irgendein Autor zu ihm kommt, sondern der mögliche Autoren/innen anspricht und auf diese Weise immer wieder Neues, neue Titel, neue Ideen akquiriert.

\ Als einen Verleger, mit dem zusammenzuarbeiten zum wahren Vergnügen wird, dem man sich gerne anvertraut und auf den man sich verlassen kann.

\ Als einen Verleger, der auch in fachlichen Fragen mit großer Sachkenntnis und großem Problembewusstsein agiert.

\ Als einen Verleger, der stolz ist auf seine Autoren/innen und auf seine Bücher.

\ Als einen Verleger, für den die Beschäftigung mit Büchern – wie für Hartmann von Aue – Ausdruck wahrer Gelehrsamkeit ist.

Herr Narr, herzlichen Glückwunsch!

2004
Michael Meyer
English and American Literatures

Kenntnisreich, fundiert, Bestseller, Longseller und absoluter Trendsetter in Sachen Zusatzmaterial für Dozenten: Alle lieben dieses Buch.

Prof. Dr. Michaela Sambanis,
Freie Universität Berlin

Buch muss man haben

Lassen Sie mich diese Zeilen mit einem Bekenntnis beginnen: Ich finde Bücher großartig oder, wie man im Hause Narr sagen würde, ich bin vernarrt in Bücher! Als Didaktikerin rückt auch ihre Funktion als Lernwerkzeug in den Fokus meines Interesses. Inspiriert durch aktuelle Entwicklungen auf dem Gebiet der Performativen Fremdsprachendidaktik, möchte ich daher die Gelegenheit nutzen, um einmal die Frage nach kreativen Nutzungsmöglichkeiten von Büchern zu stellen. Schließlich gilt Kreativität als Schlüsselkompetenz von hoher Zukunftsrelevanz (vgl. Böttger / Sambanis 2017: 102), denn die „Herausforderungen des 21. Jahrhunderts (vgl. die Sustainable Development Goals der UN) erfordern kreative Lösungen" (Stöver-Blahak et al. 2018). Versuchen wir also etwas Flexibilität und Originalität – beides Basiskomponenten von Kreativität – an den Tag zu legen bei der Beantwortung der Frage: Was, außer lesen, kann man sonst noch alles mit Büchern machen?

Man kann sie als Türstopper oder zum Offenhalten von Fenstern nutzen, als Tablett, wenn man sonntags endlich einmal ausschlafen und nett im Bett frühstücken kann. Sie lassen sich unter wackelige Stühle oder Tische legen, als Sitzerhöher nutzen, wenn zwar ein Kleinkind, aber kein passender Kinderstuhl da ist. Bei guter Balance und gesunden Sprunggelenken lassen sich Bücher außerdem als Trittleiter nutzen. Ein Klassiker, allerdings etwas in Vergessenheit geraten, ist deren Nutzung als Blumenpresse. Ebenso klassisch ist das Tragen eines Buches als Klugheit suggerierendes bzw. bezeugendes Accessoire und zwar, unabhängig von Modeströmungen, passend in jeder Saison. Überdies kann ein Buch die sonst in diesem Kontext oft bemühte Blume als Erkennungsmerkmal bei einem Blind Date ersetzen und, sollte es beim Date regnen oder die Sonne allzu heiß scheinen, ließe sich das Druckerzeugnis notfalls auch als Sonnen- bzw. Regenschutz nutzen.

Bücher lassen sich (ohne zusätzliche Kosten zu verursachen) als Rampe für Spielzeugautos nutzen. Auf bzw. mit Hardcoverbüchern lässt sich trommeln, und wenn man mehrere Bücher unterschiedlicher Größe in der Mitte geöffnet aufeinanderlegt, beginnend mit dem größten unten, ergibt das, mit einiger Fantasie und gutem Willen betrachtet, einen recht passablen Weihnachtsbaum, z. B. für die Studentenbude. Beim Schmücken sind Flexibilität und Vorstellungskraft erneut gefordert: Lametta geht prima, Kugeln kullern hingegen gerne mal vom Bücherbaum, aber ein Bücherbaum ist sowieso, auch ohne Kugeln, ein Hingucker. Und nach den Feiertagen lassen sich gute sportliche Vorsätze fürs neue Jahr kostenneutral umsetzen, indem man das Lametta beiseiteräumt und die Bücher sodann als Trainingsgeräte nutzt. Wie gesagt: Buch muss man haben!

Aus alten Buchrücken lassen sich wunderschöne Lesezeichen basteln. Aus nicht so guten Büchern (schließt automatisch Narr-Publikationen aus!) ließe sich zumindest noch, vielleicht sogar mit einer gewissen Genugtuung, Konfetti herstellen oder man könnte sie als Hammer, Fliegenklatsche, Schneidebrett oder Topfuntersetzer verwenden. Darüber hinaus lässt sich aus nahezu jedem Buch ein Daumenkino machen: Man zeichnet einfach in die untere rechte Ecke jeder Seite eine Figur, jeweils minimal verändert, sodass es beim Durchblättern aussieht, als bewegte sie sich.

Sollte man sich bei widrigen Wetterbedingungen in Gesellschaft eines Kindes befinden, ohne Aussicht darauf, das Haus verlassen und zum Spielen nach draußen gehen zu können, bietet sich das Buchregal für ein spontanes Kreativ- und Bastelprojekt an: Man schneidet aus Papier kleine Fenster und Türen aus, greift zum Tesafilm und beklebt gemeinsam die Buchrücken im Regal. Diese sehen dann aus wie viele bunte schmale Häuser nebeneinander in einer Straße, in die Spielzeugfiguren einziehen und deren Geschichten gespielt werden können.

Damit wären einige alternative Nutzungsmöglichkeiten jenseits des Lesens von Büchern benannt und die Liste ließe sich fortsetzen, aber auch das Lesen bietet Raum für Kreativität. Ich will mich auf zwei Vorschläge beschränken:

Hinterlässt man bei der Lektüre kleine Zettel-Botschaften an das zukünftige Ich im Buch, Kommentare als Randnotizen oder Informationen, was im Zeitraum der Lektüre gerade im eigenen Leben los war, wird das Buch zu einer kleinen Schatztruhe der Erinnerungen und Gedanken. Eine andere Möglichkeit, beim Lesen eine Erinnerungsspur im Druckerzeugnis zu hinterlassen, besteht darin, Orte zu notieren, an denen man in dem Buch gelesen hat und Menschen darin unterschreiben zu lassen, denen man während der Lektüre begegnet ist, z. B. den Friseur, der mit dem Fön hantiert, während man liest und der fragt: „Na, isset jut?" Ob damit die Wärme der Fönluft oder das Buch gemeint ist, wird man möglicherweise nie erfahren, aber vielleicht kann man ihn dazu bewegen, einen flotten Spruch oder eine Lebensweisheit aus seinem Repertoire als Marginalie im Buch zu hinterlassen.

Und schließlich – *last but not least* – sind Bücher ganz wunderbare und, wie oben gezeigt, unglaublich vielseitige Geschenke, z. B. Festschriften zu einem Jubiläum oder runden Geburtstag …
In diesem Sinne: Herzlichen Glückwunsch und danke für die Veröffentlichung vieler guter Bücher!

Bibliografie

Böttger, Heiner / Sambanis, Michaela (2017): *Sprachen lernen in der Pubertät*. Tübingen: Narr.

Stöver-Blahak, Anke / Jogschies, Bärbel / Schewe, Manfred (Hrsg.) (2018): *Empfehlungen zur Förderung einer performativen Lehr-, Lern- und Forschungskultur an Hochschulen*. https://www.ucc.ie/en/media/electronic-journals/scenario/symposia/FINALPDFVERSION-6.ScenarioForum-Symposium-Empfehlungen-mitLogo.pdf_(letzter Zugriff am 1.1.2019)

UNITED NATIONS – Sustainable Development Goals. https://www.un.org/sustainabledevelopment/sustainable-development-goals/ (letzter Zugriff am 1.1.2019)

2005
Natascha Müller
Einführung in die Mehrsprachigkeitsforschung

Die erste Auflage unserer ersten Einführung in diesen Themenbereich erblickt das Licht der Welt. Mittlerweile gibt es einen eigenen Prospekt zum Thema Mehrsprachigkeit, der regelmäßig aktualisiert wird.

Prof. Dr. Joseph P. Strelka,
Wien

Die erste Begegnung mit dem Verleger Gunter Narr: Meinem langjährigen Freund von ganzem Herzen gewidmet

Mein alter Verlag hatte mein neues Manuskript zur *Einführung in die literarische Textanalyse* abgelehnt. Wie so oft bei mir erwies sich diese Ablehnung als ein Glücksfall. Als mich mein Freund Hartmut Steinecke, der sehr viel über Verlage wußte, in Hope Falls in meinem Wald besuchte, erzählte ich ihm, daß ich auf einem scheinbar unbrauchbaren neuen Manuskript saß. Der allwissende Verlagskenner Steinecke riet mir sofort, mein Manuskript über Textanalyse für ein Uni-Taschenbuch an den Francke Verlag in Tübingen zu schicken. Der rührige, geschickte und geschäftstüchtige Tübinger Verleger Gunter Narr hatte den Namen und die Rechte des alten Berner Verlages aufgekauft, dessen Autor ich durch einige Jahre gewesen war.

Ich schickte das Manuskript über Textanalyse nach Tübingen und erhielt in kürzester Zeit eine positive Antwort. Es war eines der ersten Uni-Taschenbücher, die Gunter Narr von mir herausgab und das eine zweite Auflage notwendig machte.

Der wunderbare Verleger Gunter Narr ist seit damals mein Verleger geblieben. Ihm verdanke ich, daß meine wichtigsten Bücher: *Des Odysseus Nachfahren: Österreichische Exilliteratur seit 1938*, *Dichter als Boten der Menschlichkeit. Literarische Leuchttürme im Chaos des Nebels unserer Zeit* sowie *Dante – Shakespeare – Goethe und die Traditionskette abendländischer Autoren* sowie zahlreiche andere meiner Bücher und jene, in denen ich als Herausgeber fungierte, bei ihm erscheinen konnten.

Hans Joachim Madaus: Auf Goethes Spuren in Sizilien
Detail: Tempel in Segesta mit Porträt des Malers Christoph Heinrich Kniep

„Der Wind sauste in den Säulen wie in einem Walde, und Raubvögel schwebten schreiend über dem Gebälke."
(20. April 1787)

Prof. h. c. Dr. Dr. Dr. h. c. Ernest W. B. Hess-Lüttich,
Universität Bern / Technische Universität Berlin

40 Jahre, 20 Bücher – ein kurzer Blick zurück

> „Vom Standpunkt der Jugend aus gesehen
> ist das Leben eine unendlich lange Zukunft.
> Vom Standpunkt des Alters aus
> eine sehr kurze Vergangenheit."
>
> *Arthur Schopenhauer*

Seit gut 40 Jahren kooperiere ich mit meinem Verleger Gunter Narr. Ich hatte Mitte der 70er-Jahre eben an der Uni Bonn promoviert, als es mich (nach einem kurzen Ausflug in die Anglistik an der TU Braunschweig) nach Berlin zog, wo ich eine Stelle als Assistent am Fachbereich Germanistik der FU Berlin angeboten bekommen hatte. Dort knüpfte ich alsbald Kontakte zur TU Berlin, weil dort im Rahmen der Allgemeinen Linguistik eine *Arbeitsstelle für Semiotik* entstand, die mich aufgrund meiner trans- und interdisziplinären Interessen (und kritischen Bewertung allzu ängstlicher philologischer Umfriedungen) neugierig gemacht hatte. In Aachen hatte zur gleichen Zeit der Sprachphilosoph Christian Stetter einen ungewöhnlich engagierten Schüler für die Semiotik begeistert: Achim Eschbach. Gemeinsam mit dem Romanisten Jürgen Trabant gründeten wir eine dreisprachig publizierende Fachzeitschrift für Semiotik, die international ausgerichtet und keinem spezifischen Paradigma innerhalb des Fachgebiets verpflichtet sein sollte. Vielmehr wollten wir das wechselseitig befruchtende, auch streitige Gespräch zwischen semiotisch engagierten Forschern gleich welcher theoretischen und methodischen Orientierung über die Landesgrenzen hinweg befördern.

Das Konzept überzeugte einen jungen Verleger, der als Schüler des großen Eugenio Coseriu engen Kontakt hielt zu dessen wichtigsten Schülern, seinen ehemaligen Kommilitonen, zu denen neben Harald Weydt, Brigitte Schlieben-Lange und etlichen anderen eben auch Jürgen Trabant gehörte. So hoben wir vier (also Achim Eschbach, Gunter Narr, Jürgen Trabant und ich) im schnell wachsenden *Gunter Narr Verlag* gemeinsam ein neues *International Journal of Semiotics* aus der Taufe und gaben ihm den, wie wir hofften, zugleich gelehrt und weltoffen klingenden Obertitel Κοδικασ / *Code*. Der junge Verleger bot den drei Herausgebern einen fairen Vertrag an, der nach meiner Erinnerung (die Originaldokumente gilben im Keller meines Berliner Wohnsitzes vor sich hin und sind für mich hier an meinem Winterquartier in Kapstadt, wo ich diese Zeilen zu Papier bringe, im Moment nicht einzusehen) sogar ein bescheidenes Herausgeberhonorar vorsah und eine Redaktionsassistenz – aber das erwies sich schnell als graue Theorie. Der Verleger war ja auch Schwabe, der seine Bilanzen genau im Blick behielt, und die Herausgeber waren (und sind) eher wissenschaftlich als ökonomisch motiviert. Seither sind über 40 Jahrgänge dieser alsbald internationales Profil gewinnenden Zeitschrift erschienen, die in einer begleitenden Buchreihe um mittlerweile über 30 Bände der Κοδικασ / *Code Supplement Series* ergänzt werden.

Gleichzeitig engagierte ich mich früh in diversen Gremien der *Gesellschaft für Angewandte Linguistik* (GAL), deren alljährliche Kongressberichte zwischen 1980 und 1990 ebenfalls bei Gunter Narr erschienen. Nachdem die Konturen dieser Berichte aufgrund des Wachstums der Gesellschaft und damit des Umfangs der inhaltlich kaum mehr substantiell zu dokumentierenden Tagungen zu verschwimmen drohten, schlug ich dem damaligen GAL-Vorstand mit dem Anglisten Wolfgang Kühlwein und dem Romanisten Albert Raasch ein neues thematisch kohärenteres Publikationsmodell vor, das sich Vorstand und Mitgliedschaft der GAL zu Eigen machten. So konnten wir drei gemeinsam wiederum bei Gunter Narr das *Forum Angewandte Linguistik* herausgeben, eine Buchreihe, die ebenfalls bis heute besteht (aber nach meinem Rückzug aus dem Herausgebergremium nach ca. 40 Bänden unter rotierender Verantwortung von Mitgliedern des Publikationsausschusses der GAL ediert wird). So kam im Laufe der Jahre immerhin eine stattliche Zahl von ca. 20 Büchern zustande, deren Titel mich als verantwortlichen Autor oder Herausgeber führten und die mich neben gut 50 Beiträgen zu Sammelbänden, die von Kolleginnen und Kollegen bei Gunter

2006
Harald Weinrich
Sprache, das heißt Sprachen

Wir sind stolz darauf, auch diesen großen Namen in unserem Verlagsprogramm zu führen.

Narr herausgegeben wurden, nicht nur mit dem Verlag, sondern auch mit dem Verleger verbinden, der über die Zeit längst zu einem Freund geworden war, den ich auch nach meinem Weggang erst in die USA, dann in die Schweiz und nach Südafrika zuverlässig bei den Bücherständen der alljährlichen Tagungen wiedersah, in den ersten Jahren noch gemeinsam mit seiner Frau Brigitte Narr (die später den Stauffenburg Verlag gründete), dann mit seiner zweiten Frau Sonja – mit allen dreien bin ich nach wie vor in gutem und fruchtbarem Kontakt. Von mir aus könnte er gerne fortbestehen, auch wenn ich mich nach 40 Dienstjahren ohne nennenswerte Ferien mit dem Gefühl froh erfüllter Pflicht aus manchen editorischen Funktionen verabschiede, um sie rechtzeitig in jüngere Hände zu geben.

Dem Jubilar wünsche ich weiterhin so viel verlegerischen Erfolg, damit das mittlerweile zum Verlagskonzern angewachsene Unternehmen fortbestehen und den Begehrlichkeiten konkurrierender Großverlage weiterhin widerstehen kann. Dafür ist eine robuste Gesundheit des Verlegers und sein anhaltendes Engagement gewiss eine wichtige Voraussetzung – beides möge Gunter Narr noch lange beschieden sein.

Hubert Klöpfer,
Verlag klöpfer, narr

klöpfer, narr

Zum großen Geburtstag:
13 Widerworte – und ein Zuspruch

Lieber Gunter,

tempus fugit, und gar so schnell! 80 Jahre Gunter Narr & 50 Jahre Gunter Narr Verlag. Das macht, zusammengezählt, satte 130 Jahre Mensch & Verleger. Ich selber bring's da nur auf magere 95. Du bist mir also gehörig weit voraus … (Wobei, recht besehen: Der Verlag kommt mir schon lange als der viel Ältere von Euch beiden vor!)

Als wir uns kennenlernten, 1984, und ich alsdann bei Dir für einige Jahre gewissermaßen in die Verlegerlehre ging, da warst Du gerade 45 – und schon lange schwäbisch gescheit. Und ich gerade einmal 33 – und immer noch badisch ungestüm. Geblieben ist mir, als Du mich damals der großen Verlagsrunde als Neuling vorstelltest, Dein Eröffnungssatz: „Wir beide können uns gut leiden." Das ist gewissermaßen unser Credo, das Fundament unserer Wertschätzung. Bis auf den Tag. Auch wenn wir zwischenzeitlich „mal näher, mal weiter weg" voneinander standen.

Was ich schon immer an Dir schätze: Deine Nach- und Vorausdenklichkeit, Deine Urteilskraft, dazu Deine – sagen wir: diskrete Offenheit, Deine Verbindlichkeit und Zugewandtheit, Dein Zuhörvermögen – und ja: dass Du nicht nachtragend bist, dass Du andere und anderes gut gelten lassen kannst. Und was mir gerade in den letzten Jahren zwischen uns beiden „verhältnismäßig" ganz besonders gefiel: unser wachsender Austausch, unsere wiederkehrenden Gespräche etwa am Rande der Stuttgarter Verlegerrunde, in Frankfurt bei der Buchmesse – und vor allem: unsere doch wie gefügten samstäglichen Begegnungen vor unseren Postfächern in der Tübinger Hauptpost. Das machte dann jedes Mal, für fünf oder zehn Minuten, eine Art Miniaturkonferenz. Inzwischen aber sind diese Begegnungen – Klöpfer, Narr: eine gute Tagtäglichkeit. Und ja, lieber Gunter, ich geb's gerne zu: Das hat mir schon auch gutgetan, dass eben Du: der Erfahrene, der Gestandene, der Renommierte, der Stratege im Buchmarktkampf auch mich ab und an um meine Idee, um meine Position, um meinen Rat gefragt hast.

Also, von Herzen: in dulci jubilo! Und was ich Dir jetzt zum großen Geburtstag (und überhaupt) denn alles wünsche? Xundheit vor allem. Gelassenheit, Lebenslustigkeit, viele schöne Überraschungen, Witz, Zuversicht. Und dass Du immer selber noch etwas zum Wünschen übrig hast!

Gratulieren aber, lieber Gunter, möchte ich Dir, dem Verlag, Euch beiden zum 130sten Jubeljahr mit 13 kreuz und queren Notaten aus meinem gleichsam „heilpraktischen" Zettel- und Zitatekasten, meiner quasi „Verlagsapotheke". Vorsichtig dosiert, für jedes Jahrzehnt bloß eines – und allesamt aus der Abteilung „Gegenmittel und Impfstoffe": Möge diese kleine Sammlung also Deiner verlegerischen Wappnung dienen, möge sie Deine Abwehrkräfte stärken – und eben, ex negativo, unser beider wahrlich wunderliches Hand-, Herz- und Kopfwerk immer noch ein bisschen besser verstehen lassen …

Also dann, und wie gesagt: nur mit Vorsicht und in homöopathischem Maße zu „genießen":

2007

Kathrin Pölge-Alder
Märchenforschung

In einer Zeit, als das Wünschen noch geholfen hat, brachte eine gute Fee dieses Buch. Sympathisches Thema, gute Verkäufe – märchenhaft!

„Man muß an Napoleon mit Sympathie denken: er hat einen deutschen Verleger erschießen lassen."
Alexander Roda-Roda

„Die Verleger sind alle des Teufels, für sie muß es eine eigene Hölle geben!"
Johann Wolfgang Goethe

„Verleger trinken ihren Champagner aus den Gehirnschalen ihrer Autoren."
Kurt Tucholsky

„Das Drucken-Lassen, das Verlegen verhält sich zum Denken wie eine Wochenstube zum ersten Kuß."
Friedrich Schlegel

„Tausend Dank, mein lieber Herr! Sie scheinen mir kein Verleger, sondern ein Mensch zu sein.“

Johann Caspar Lavater

„Verleger: ein Mann, der zu wenig investiert, zu wenig wirbt und zu viel verdient.“

Robert Neumann

„Es ist leichter mit Christus übers Wasser zu wandeln, als mit einem Verleger durchs Leben.“

Christian Friedrich Hebbel

„Barrabas aber war ein Verleger!“

Lord Byron

„Es möge euch engherzige, geizige Verleger doch endlich der Satan holen. Auf euren Papierschätzen verbrennen sollt ihr, elendiglich, mit Weib und mit Kind.“

Johann Friedrich Herder

„Die Dichter bauen Luftschlösser, die Leser bewohnen sie, und die Verleger kassieren die Miete.“

Maxim Gorki

„Übernimm nie alles fraglos und klaglos, was der Verleger dir zumutet. Die haben nur Respekt vor Leuten, die sich auf die Hinterbeine stellen.“

Theo Sommer

„Die Verleger sind aus auf grosz Gewinn und Beschisz.“

Sebastian Brant

„Verleger sind keine Menschen. Sie tun nur so."

Kurt Tucholsky

Oha und oje, das tut weh! So viel Gehässigkeit, so viel Verunglimpfung! Was tun? Halten wir halt einfach dagegen, lieber Gunter, lieber Mensch & Verleger – und halten und schaffen wir beide weiterhin, und jetzt erst recht, freundschaftlich gut und vertrauensvoll zusammen! Und freuen wir uns miteinander an Wolfgang Koeppen und seinem so seltenen Bekenntnis, Geständnis: „Ich war dankbar einen Verleger zu haben; glücklich, in einer Welt zu leben, in der es Verleger gibt!"

Dank und Gruß Dir, lieber Gunter,
beides sehr herzlich, ad multos annos, ad multos libros,

Hubert.

2008
Eva Neuland
Jugendsprache

Der Verlag am Puls der Zeit. Mittlerweile schon in 2. Auflage zu haben, aber immer noch ultrafresh.

Prof. Dr. Rainer Schulze,
Leibniz Universität Hannover

Thumbs up for linguists and linguistics

In Gunter Narr I am honouring a scholar and publisher whose experience, both in his early life in the humanities and in his later life as publisher, has been quite varied and whose general versatility and activities fully reflect this variety.

As all the well-wishers already know, Gunter Narr started his career as a linguist, graduating in General Linguistics, Romance and English languages, literatures and cultures in Tübingen, Besançon and Cambridge. Guided by eminent linguists at that time such as Eugenio Coseriu or Hans Marchand, he has developed a deep understanding of languages and linguistics which proved later on to be foundational for his following non-linguistic career. Well-trained in making lecture notes more accessible to fellow students, he soon found his vocation in providing material for those keen on learning something from the then new discipline of linguistics and thus turning into a publisher, with the series *Tübinger Beiträge zur Linguistik* (TBL) as a strong and popular brand of the Gunter Narr Verlag. And it is precisely this series that accepted my Ph.D. thesis on linguistic politeness in English for publication. This also happened at a time when a young aspiring linguist was introduced to a world where values held high in the scholarly community met those in more economical and competitive spheres. I still remember that Gunter Narr is and was prepared to help those at the beginning of their career to establish a foothold in the respective field.

Another major project with Gunter Narr was the compilation of a Festschrift for the late Werner Hüllen. With more than eighty different contributions, this project turned out to be an ambitious enterprise with real challenges, both for the editors (including Wolfgang Lörscher), the contributors and the publisher. Needless to say that Gunter Narr was always a fair, an obliging and pleasant person to talk to whenever minor and major problems appeared on the horizon. The entire enterprise was in fact an incredible feat of organizing, giving up, starting anew and re-structuring, and the editors are more than grateful to Gunter Narr for his and the assistance of his staff that helped with the finishing touches to the two volumes, both in Essen (at that time) and in Tübingen (I still remember two days in Tübingen at the new office building, with Gunter Narr making available an extra room for us in order to finalise the project).

The co-operation between Essen and Tübingen did not end in 1987, but was intensified when Werner Hüllen and I approached Gunter Narr with the suggestion of launching a new book series. The idea for a new series, dubbed as the *Language-in-Performance Series* (LiP) and intended as an international series soliciting manuscripts from different linguistic areas, did not fall on deaf ears. Dissatisfied with intuition and introspection as reliable tools of linguistic analysis (cf. *armchair linguistics*), the linguists' and the series' main aim is and was to provide an academic and international platform for the dissemination of new ideas in areas of linguistics, where the description and analysis of authentic data is highly valued. At a time when e. g. the compilation of corpora and corpus linguistics as a new methodological tool and theoretical approach started to flourish, Gunter Narr immediately recognized the potential of such a new series and gave it a thumbs up (although this was not the terminology to express one's appreciation at that time …). Since then, and it is no idle boast, it was possible to attract authors and editors from different countries and different linguistic fields to produce more than fifty volumes, always peer-reviewed and today available from university libraries all over the world. A big 'thank you' for all the encouragement and support over the years!

And then, I have not spoken of Gunter Narr, i. e. the man himself, always ready for a good joke, a glass of wine, fine classical music, and a hearty conversation, whether on linguistic issues or any other subject related to the intricacies of past and contemporary publishing. I hope that he will retain his good health and the endless energy which is so characteristic of him.

May we enjoy his company for another 80 years!

Dr. Michael Szurawitzki,
Universität Duisburg-Essen

Kein Weg zu weit: Es war einmal in Shanghai

Ich gratuliere herzlich zu beiden Jubiläen, sowohl dem Narr Verlag zum 50-jährigen Bestehen als auch Herrn Gunter Narr zu seinem 80. Geburtstag. Mit beiden verbindet mich zwar noch kein sehr langes, dafür ein umso engeres und herzlicheres Verhältnis. Die persönliche Note und die menschliche Komponente in der Zusammenarbeit sind in der zunehmend ins Digitale verlagerten Kooperationssphäre Autor – Verlag seltener geworden. Umso schöner ist es, dass ich hier die Gelegenheit bekomme, diese beiden von Verlag (MitarbeiterInnen eingeschlossen) und Verleger wie mir selbst auch besonders wertgeschätzten Dimensionen des Austauschs zu würdigen. Herrn (und Frau!) Narrs unermüdlicher Arbeit und Präsenz ist es zu verdanken, dass man mit dem Verlag und seinen Produkten zwangsläufig auch den Verleger positiv mitdenkt. Während es anderswo potenziell Gefühle einer Distanz gegeben haben mag oder man mangels AnsprechpartnerIn nicht weiß, an wen man sich mit Fragen wenden soll, so ist die Lage hier anders. Ich spreche für mich persönlich und kann sagen, dass meine publikationstechnischen Anliegen in einer bemerkenswert professionellen Art und Weise begleitet worden sind und werden, wie ich sie vergleichbar in der deutschsprachigen Verlagslandschaft nicht vorgefunden habe. Dies ist nicht als eine Diskreditierung anderer Verlage, sondern als Lob und Würdigung eines jederzeit offenen Kommunikationskanals im Hause Narr gemeint. In diesem Zusammenhang möchte ich u. a. unsere Gespräche auf der Frankfurter Buchmesse erwähnen.

Herausheben möchte ich aus der Kooperation mit dem Gunter Narr Verlag zwei Projekte bzw. Ereignisse, die mir in besonderer Erinnerung sind: Zum einen ist dies die Genese des Bandes *Wissenschaftssprache Deutsch* (2015), den ich als federführender Herausgeber mit verantwortet habe, sowie zum anderen unsere Begegnung auf dem XIII. Kongress der Internationalen Vereinigung für Germanistik (IVG) im August 2015 in Shanghai / VR China, den ich mit gestalten durfte. Der genannte Band ging aus einer 2014 in Regensburg veranstalteten Tagung hervor, für die wir namhafte ReferentInnen hatten gewinnen können. Entsprechend war das Interesse von Verlagsseite, eine Publikation der Erträge anzugehen, von Anfang an groß. Innerhalb eines guten halben Jahres nach Abschluss der Tagung lag der Band vor und konnte der Fachöffentlichkeit auf der Tagung des Instituts für Deutsche Sprache in Mannheim im März 2016 offiziell vorgestellt werden. Am Tag vorher erreichte mich die Bitte von Verlagsseite, die Vorstellung so zu gestalten, dass die Videoaufnahme auf die Homepage des Verlages und später auch auf die Plattform *You-Tube* hochgeladen werden könne. Gesagt, getan – das Resultat ist weiterhin online. Der Band ist ebenso weiter präsent und sichtbar, auch dank der aktiven Arbeit des Verlages, um ihn zu bewerben.

Die neuen innovativen Wege, die Narr mit seiner neuen On-line-Plattform und den Initiativen hin zu mehr Open Access gehen wird bzw. bereits geht, werden sich gewiss lohnen. Ich freue mich auf diese Perspektiven auch für meine gegenwärtigen und zukünftigen Publikationsprojekte in Zusammenarbeit mit dem Narr Verlag.

Abschließend noch einige Worte zu unserem Zusammentreffen auf der Shanghaier Tagung: Der Austausch beschränkte sich nicht nur auf den üblichen Smalltalk am Verlagsstand, sondern wir hatten auch die Möglichkeit, uns mehrfach während der Woche zu sehen und verschiedene fachliche und nicht-fachliche Angelegenheiten zu besprechen. Dies ist an sich schon erfreulich; besonders aber freute mich die Tatsache, dass sich die Narrs die Zeit nahmen, zu meinem Sektionsvortrag im Rahmen der Präsentationen zur Angewandten Fachsprachenforschung zu kommen. Dies bleibt mir als Zeichen der auch gegenseitigen Wertschätzung nachhaltig positiv in Erinnerung. Beiden Jubilaren rufe ich zu: Ad multos annos!

2009
Johannes Kabatek /
Claus D. Pusch
*Spanische Sprach-
wissenschaft*

Zwar nicht unser erstes bachelor-wissen (der Kollege von der Italianistik war dann doch schneller), dafür aber vom Ideengeber und Konzeptionator der Reihe. Stets bewährt und gut verkauft. 3. Auflage sehnlichst erwartet!

Forschungsstelle für Namenkunde,
Universität Bern

Drei Gründe, weshalb es eine Freude ist, zur Verlagsfamilie Narr zu gehören

1.

Das *Ortsnamenbuch des Kantons Bern* ist ein auf lange Sicht angelegtes Unternehmen. Mit der Materialsammlung war schon in den 1940er Jahren begonnen worden, unfern des Geburtsjahres des zu Ehrenden …

Wenn das Projekt heute noch als ein Kleinod der Universität Bern geschätzt werden kann, ist das auch, und nicht zuletzt, Gunter Narr zu verdanken, der nicht nur den A. Francke Verlag mit seinen bereits erschienenen Titeln in seinem Haus aufgenommen hatte, sondern auch den ab 2008 wieder in regelmässigen Abständen vor die Öffentlichkeit gebrachten Teilbänden des Ortsnamenbuches weiterhin treue Gastfreundschaft gewährte. Habemus editorem. Wir haben einen Verleger.

2.

Der Dokumentar- und Kommentarteil des Berner Ortsnamenbuches kommt ganz ohne photographische Abbildungen aus. Das hemmt in einem ungewissen Mass den Absatz des Produktes, liegt aber daran, dass sich die etymologische Herleitung von Toponymen nur selten ablichten lässt, nur da etwa, wo die Landschaftsform direkt im Namen enthalten ist. Bilder aber, die nur die Lage des benannten Gebietes in der Landschaft zeigen, sind Ansichten. Sie transportieren allgemeine Informationen zur Topographie des Untersuchungsgebietes, tragen wenig nur zur Verdeutlichung der Namen bei. Ein Ansichtenbuch ist kein Namenbuch.

Wo aber Bilder nicht sind, muss ein solider, sorgfältiger und damit aufwändiger Satz nach Kräften die illustrative (Ver-)Führung des Lesers, der Leserin übernehmen. Es tut gut, hierin mit Gunter Narr übereinzustimmen.

3.

Wichtig zum guten Ende: Qualität im Inhalt, Qualität in der Präsentation und – wenn zur Vernissage eines Bandes geschritten wird – Qualität im Gebotenen, in der nachhaltigen Bewirtung eines zahlreich erscheinenden Publikums mit einem Apéro riche. Übereinstimmung auch hier. Danke, Herr Narr, und herzlichen Glückwunsch.

Thomas Franz Schneider, Luzius Thöny und
das Team der Forschungsstelle für Namenkunde
an der Universität Bern

Prof. Dr. Dr. h. c. mult. Rudolf Windisch,
Berlin

Zu Gunters 80. Geburtstag, eine Erinnerung

Im Oktober 2017 flog ich auf Einladung meines langjährigen Klausenburger (rumänisch Cluj-Napoca, ungarisch Kolozsvár) Kollegen und Freundes Prof. Mircea Borcilä nach Rumänien, um an einem Kolloquium mit dem Titel *eXipora* zur 750-Jahr-feier der Siebenbürgisch-Rumänischen Stadt Mediaş / Mediasch teilzunehmen (es lohnt sich, auf Google Earth einen Blick auf diese mittelalterliche Stadt mit der befestigten Kirchenburg als Stadtkern zu werfen). Das Akronym aus „Exil" und „Diaspora" stand für die Erinnerung an zwei – auch im Ausland – gut be-kannte Rumänen, Vintilä Horia und Eugeniu Coşeriu. Was hat das mit dem Geburtstag von meinem Freund Gunter, aus längst vergangenen gemeinsamen Tübinger Studienjahren zu tun? Wohl wenig, vielleicht auch gar nichts. Auf Vintilä Horia trifft das Wort „Exil" – überblickt man sein Leben – zweifellos zu. Um in der Reihenfolge des Programms kurz auf Horia einzugehen: Die andere Hauptperson des Kolloquiums ist ein rumänischer Philosoph, Essayist, Dichter und Schriftsteller, 1921 in Rumä-nien geboren, gestorben 1992 in Collado Villalba, Spanien. Horia lebte 1940–1945 in Rom und in Wien, war tätig im Propaganda-ministerium in Bukarest, ging 1945 nach Italien, lebte später in Argentinien, wurde 1946 von einem rumänischen ‚Volkstribunal' zu 25 Jahren Zwangsarbeit verurteilt, war außerhalb des neu-en kommunistischen Rumänien, also im Exil, nicht greifbar. Er erhielt 1960 für seinen Roman *Dieu est né en exil* den Prix Goncourt, auf den er aber nach kommunistischen Partei-Intrigen und Diffamierungen aus Rumänien und Frankreich verzichtete, ebenso wie auf eine ‚Einladung' zur Rückkehr in seine Heimat – sein Verzicht darauf garantierte ihm in der Tat ein wohl auch im „Exil" gesichertes Leben. Kam nun Horias Roman-Held, *Dieu,* dagegen bereits in der Fremde, im Exil, zur Welt? Musste er ein dem Dichter vergleichbares Schicksal durchlaufen?

Die Bewertung der *Vita* ihres (ehemaligen) Landsmanns Vintilă Horia durch meine rumänischen KollegInnen blieb für mich offen, nicht nachvollziehbar.

Mit Blick auf Eugenio Coseriu – so hat er sich uns Studenten vorgestellt, ohne rumänisches Graphem ş – dürfen wir, seine ehemaligen Schüler aus Bonn und Tübingen, die Frage stellen, ob er sich wohl, auch wenn vom schwäbischen Tübingen die Rede ist, in der „Diaspora" gefühlt haben könnte? Es ist zu vermuten, dass unser Lehrer, der am 7. September 2002 verstorben ist und auf dem „Alten Friedhof" in Tübingen seine letzte Ruhe neben Hölderlin und dem großen Meister der Romanistik, Ernst Gamillscheg (gest. 1967), gefunden hat, bei aller Liebe zu seiner Heimat als pensionierter Hochschullehrer wohl kaum in seinen Geburtsort Mihăileni Rîşcani, heute Republik Moldau, zurückkehren wollte. Ich habe meine rumänischen Freunde auf dem o. g. Kolloquium nicht gefragt, wieweit sich Coseriu, auch nach 1989, das schicksalsbeladene Etikett eines „Lebens in der Diaspora" angeheftet hätte? Hatte er nicht 1940, noch als Student bei dem großen Romanisten Iorgu Iordan in Iaşi (der selbst Schüler des Romanistik-Altmeisters Meyer-Lübke war), das Glück gehabt (rum. *baftă*), ein Stipendium für Rom zu bekommen? Sein weiterer Weg führte ihn dann – seine Heimat stand längst unter faschistischem Einfluss, im Gleichschritt mit Nazi-Deutschland und im Krieg gegen Russland – von 1950 bis 1958 nach Montevideo / Uruguay, später zurück nach Europa mit Lehrstuhlvertretungen z. B. in Frankfurt / Main und schließlich 1962/3 nach Bonn. 1963 wurde Coseriu, mit Hilfe von Prof. Harri Meier, auf den Romanistik-Lehrstuhl nach Tübingen berufen (den früher schon Gamillscheg innehatte), wo er bis zu seiner Emeritierung 1991 tätig war – ein Grund für mich, als Badener von Bonn aus in ‚die Fremde' nach Tübingen umzuziehen. Coseriu wohnte zuletzt in dem für Romanen kaum aussprechbaren Ort „Kirchentellinsfurt" nahe Tübingen. Ein einziges Mal habe ich es gewagt, während meiner Lehrzeit bei Coseriu – noch nicht promoviert –, ihm zu widersprechen; Originalton Coseriu bei einer der eingespielten Assistenten-Professoren-Heimfahrten mit dem Auto: „Herr Windisch, hier haben Sie immer Angst!" – „*Nein* Herr Professor, rechts hat hier Vorfahrt!"

Coseriu hat nie auch nur angedeutet, dass er sich nach seiner *peregrinatio* in der Fremde oder im Exil gefühlt haben könnte. In einer seiner seltenen persönlichen Bemerkungen hat er, in kleinem Kreis, unterstrichen, dass er aus *Basarabia* stamme (also nicht etwa aus Rumänien), damit aber keinesfalls seine Sehnsucht nach einer Rückkehr dorthin angedeutet; vielleicht wollte er wohl eher, gleichsam „sous-entendu", an die vom heutigen nordöstlichen Rumänien aus gesehen geschichtsträchtigen Landschaften Moldova – Bucovina – Basarabia erinnern: 1918 erhielt Rumänien, unter Protest Russlands, Bessarabien (wieder) zugesprochen, musste Bessarabien aber bereits 1940 wieder an die Sowjetunion abtreten, die den Bereich zwischen den beiden Flüssen Pruth und ukrainisch Dnister / rumänisch Nistru weiträumig zur Moldauischen SSR zusammenzog.

Zurück zum Kontakt Rudi Windisch – Gunter Narr: Beide haben wir, lange genug, zu seinen Füßen gesessen, seine frühen Tübingen Vorlesungen und Seminare verfolgt und – wie bereits zu Gunters Geburtstag 2009 in Eigenlob erneut hervorgehoben – einige davon als Vorlesungsnachschriften vervielfältigt und an damalige Romanistik-KommilitonInnen in Deutschland versandt. Ich sollte auf dem Kolloquium in Mediasch ja über meine ersten Kontakte als Romanistik-Student mit Coseriu in Bonn berichten, dann über mein weiteres Studium und die Promotion bei Coseriu und bei Antonio Tovar in Tübingen (1972). Mircea Borcilă, noch bis vor wenigen Jahren langjähriger Professor für Vergleichende Sprachwissenschaft in Cluj, hatte die wichtigsten Arbeiten Coserius in den Rahmen der damaligen internationalen Linguistik gestellt und von ihrer generellen Bedeutung her aufgearbeitet – weit hinausgehend über die lange Zeit gern national-patriotisch erfasste Reputation Coserius als einen rumänischen Patrioten hinaus. Mircea Borcilă wurde von Coseriu dann auch bei einem persönlichen Treffen in Klausenburg gelobt. Ich unterstreiche, Coseriu hatte einen jüngeren Kollegen gelobt.

Borcilă leitete dann die Vorträge für den zweiten, Coseriu gewidmeten Gedenktag dieses Kolloquiums. Er hat mich als einzigen anwesenden Coseriu-Schüler zum ersten Redner im Gedenken an Coseriu bestimmt, ohne mich zum Vorlesen eines schriftlich fixierten Berichts zu verpflichten. Ich nutzte diese Möglichkeit weidlich aus, unabhängig von einem Manuskript, in

2010
Helene Decke-Cornill /
Lutz Küster
Fremdsprachendidaktik

Schon wieder ein bachelor-wissen, diesmal aus einem Fachbereich, der sich in den letzten Jahren stets positiv entwickelt und uns allen viel Freude macht. Diese Lanze für die Didaktik musste mal gebrochen werden!

rusticam valachicam linguam, über meine ersten Kontakte sowie über unsere Verehrung für unseren Tübinger Lehrer zu sprechen (wo sonst könnte ich denn als Romanist, z. B. in Berlin, wo ich lebe, in der „Diaspora", Rumänisch sprechen?). So berichtete ich z. B. über Coserius Lehrveranstaltungen, über die Kontakte des Romanischen Seminars der Universität Tübingen mit dem romani(sti)schen Ausland, unsere Teilnahme an internationalen Kolloquien, z. B. 1968 in Bukarest, wo Coseriu nach langen Jahren der Abwesenheit seinen Vater wiedertraf, oder einen früheren Kollegen aus Iași, Professor Gheorghe Ivănescu; beide, Coseriu und Ivănescu, hatten den Plan, als Schüler in der Nachfolge von Alexandru Philippide und Iorgu Iordan in Iași eine neue Linguistik-Schule aufzubauen – ein Vorhaben, das sich durch Coserius Weggang nach Italien zerschlagen hatte. Ob unser Lehrer mit der Aufzählung der von mir erwähnten, für uns Studenten damals überaus wichtigen Ereignisse in Bonn und in Tübingen zufrieden gewesen wäre?

Mircea Borcilă hat mich nach meinem verbalen Ausflug nach Bonn und Tübingen – wohl zum Glück für unsere Disziplin „Geschichte der Romanistik" – sanft korrigiert wegen meines weitgefassten Ausblicks auf Gamillscheg. Dazu hatte mich zweifellos die Möglichkeit verführt, vor rumänischen Fachkollegen über Gamillschegs Tätigkeit als Präsident des „Deutschen Wissenschaftlichen Instituts" (DWI) zu berichten – nicht nur weil wir ihn als Studis in Tübingen noch hören durften. Ich hatte kurz zuvor, 2015, in den *Studia Germanica Napocensis* (Cluj-Napoca, Bd. 3, S. 301–313) einen Beitrag über Gamillschegs Tätigkeit in Bukarest vom April 1940 bis zum 23. August 1944 im Auftrag der Nazi-Kulturpropaganda geschrieben (dieser 23. August 1944 wurde in Rumänien bis 1989 regelmäßig als „Jahrestag der Befreiung vom faschistischen Joch" gefeiert, dem Tag der Umkehrung des dt.-rumän. Militärbündnisses; Rumänien wendete sich, über Nacht, mit Russland gegen Deutschland). Ich hatte versucht, nachzuweisen, dass sich gerade für Rumänien, mit dem ersten dieser europaweiten Nazi-DWI-Institute, kaum ein anderer Wissenschaftler als der Romanist Gamillscheg hätte finden lassen – bei aller ihm zweifellos aufgetragenen Polit-Reklame für das „Dritte Reich". Weiter habe ich auch den anderen großen Altmeister der Tübinger Romanistik erwähnt, Prof. Gerhard

Rohlfs (1892–1986), auf den Gunter bereits auf dem erwähnten Geburtstag im Jahr 2009 ausführlicher eingegangen war: Rohlfs wohnte zuletzt in Hirschau, bei Tübingen, war unmittelbarer Nachbar von Gunter, der mit ihm wohl öfters im direkten Gespräch stand. Gunter hat mir von seiner Expedition mit Prof. Rohlfs nach Italien berichtet, auf den Spuren der umfangreichen Dialekt-Forschungen Rohlfs' für seine monumentale *Grammatica Storica* …; auch hier ergab sich wieder ein gemeinsamer Berührungspunkt mit Gunter Narr: Laut Auskunft einer Doktorandin von mir erinnerten sich in Südkalabrien, in einem der dialektgeographischen Ortspunkte von Rohlfs, ältere Bewohner an den *professore tedesco*, der ihnen einige Pflanzen- und Blütenbündel vorhielt und nach deren Namen fragte.

Eugenio Coseriu (1921–2002) (Zeichnung von H. J. Madaus): „einer der bedeutendsten Romanisten und Linguisten seiner Zeit […], der wohl wichtigste Lehrer" – und der Schutzpatron des Narr Verlags. Möge er alle Zeit über uns wachen.

Ich komme zum Schluss: Ende Oktober 2018 traf ich bei einem Kurzbesuch in Cluj-Napoca zufällig meinen Freund Mircea in der Strada Horea zwischen der Fakultät und der Jüdischen Synagoge; es war ein frohes Wiedersehen, wir bestätigten uns in unserer einhelligen Sicht, dass das Kolloquium in Mediasch in Erinnerung an die beiden einst weltweit tätigen Rumänen eine gelungene Veranstaltung war, dass Eugeniu Coșeriu einer der bedeutendsten Romanisten und Linguisten seiner Zeit war und nicht nur für uns deutsche Romanistik-Studenten, sondern weltweit in der Romania, der wohl wichtigste Lehrer. Die *Universitatea Babeș-Bolyai* (*UBB*) Klausenburg hat Coseriu – wie auch die deutsche Bundeskanzlerin Angela Merkel (2008) – zum Dr. h. c. ernannt. Ein Porträt Coserius hängt im Rektorat der Universität.

Ein Porträt Coserius hängt auch im Narr Verlag. Damit ist kein Zweifel an Coserius Bedeutung mehr möglich!

Vor zwei Jahren haben wir uns, zusammen mit unseren Frauen, Sonja von Gunter und Renate, in Berlin getroffen; es war ein herzliches Wiedersehen, natürlich auch hier mit zahlreichen „weißt Du noch"-Fragen und Erörterungen, die wir dann wahrheitsgetreu zu kommentieren versuchten. Die Zeit vergeht, hoffentlich können wir noch manchen Geburtstag feiern, in dieser Zuversicht, Dir lieber Gunter, meinen Wunsch: *ad multos annos*, Dein Rudi.

Hans Joachim Madaus: Auf Goethes Spuren in Sizilien
Detail: Tempel in Selinunt mit tanzendem Satyr

„Wir hatten doch eigentlich nichts gesehen, als durchaus eitle Bemühungen des Menschengeschlechts, sich gegen die Gewaltsamkeiten der Natur, gegen die hämische Tücke der Zeit und gegen den Groll ihrer eigenen feindseligen Spannungen zu erhalten." (13. Mai 1787)

Prof. Dr. Rainer Moritz,
Literaturhaus Hamburg

Wie Peter Kraus

Manchmal bekomme ich Einladungen nach Stuttgart und darf zu Themen, die meist irgendetwas mit Büchern zu tun haben, sprechen, im Haus der Wirtschaft oder im Literaturhaus zum Beispiel. Und aus Gewohnheit lasse ich bei solchen Anlässen meinen Blick ins Publikum schweifen und suche unwillkürlich nach meinem ersten Arbeitgeber, nach Gunter Narr, der es sich oft nicht nehmen lässt, mir zuzuhören. Meist sitzt er mit seiner Frau in der ersten Reihe, grüßt nach links und rechts und kommt, wenn ich am Ende meiner Ausführungen angelangt bin, auf mich zu. Wir plaudern ein bisschen und bilden uns ein, dass wir uns in den dreißig Jahren unserer Bekanntschaft kaum verändert haben.

Und ja, ich freue mich immer, Gunter Narr wiederzusehen. Er hat sich auch als 80-Jähriger eine verblüffende Jugendlichkeit erhalten – so wie der ebenfalls 1939 geborene Rock'n'Roller Peter Kraus, der bis heute keiner Bühne aus dem Weg geht und ein Konzert nach dem anderen gibt. Vielleicht gibt es zwischen Gunter Narr und Peter Kraus mehr Parallelen, als man denkt. Auf jeden Fall strahlt der Verleger Narr eine ungebrochene Vitalität aus. Er hat seine Unternehmen durch Zeiten geführt, in denen es auch für Wissenschaftsverlage schwerer und schwerer wurde, sich zu behaupten. Während von manchen Verlagen, die einst mit der Narr'schen Verlagsgruppe konkurrierten, heute keine Rede mehr ist, bleibt man in Hirschau am Ball.

Zuletzt sprach ich auf der Leipziger Buchmesse mit Gunter Narr, kurz nachdem ihm ein viel beachteter Coup gelungen war: die Übernahme des vom Aus bedrohten literarischen Verlags Klöpfer & Meyer. So fungiert er nun im fortgeschrittenen Alter als literarischer Verleger. An ein ruhiges Zurücklehnen im Sessel scheint er nicht zu denken. Wie Peter Kraus.

Wie sollte, so mein Eindruck, dieser agile Verleger auch von dem lassen, was er seit fünfzig Jahren tut? Meine Fantasie reicht nicht aus, um ihn mir als müßiggängerischen Pensionisten vorzustellen, der sich um die fleißigen Lieschen im Garten kümmert oder plötzlich beginnt, Ölbilder zu malen. Gewiss, er hat seine Nachfolge geregelt, doch selbst im einundachtzigsten Lebensjahr wird er weiterhin allmorgendlich gen Hirschau fahren (immer noch im Mercedes, wie ich vermute) und nach dem Rechten sehen. Und sich hoffentlich auch nach Stuttgart aufmachen, wenn ich dort zu tun habe. „Die jungen Jahre geh'n schnell vorbei", sang Peter Kraus einst. Gut, wenn man wie Gunter Narr auch in den nicht mehr ganz so jungen Jahren etwas mit sich und der Welt anzufangen weiß.

2011
Claudia Meindl
Methodik für Linguisten

Manche Titel jagen ihrem Lektor regelrecht Angst ein, dieser jedoch überraschte positiv, denn: Auch Statistik kann Spaß machen! Für die 2. Auflage hat ein anderer Kollege dieses Vergnügen, wir verteilen die besonders schönen Aufgaben gerecht.

Prof. Dr. Achim Eschbach,
Universität Duisburg-Essen

Kodikas – Schicksalsjahre einer Semiotikzeitschrift

Die ersten Hefte der griechischen Semiotikzeitschrift *Kodikas* erschienen ab 1975 unter der Herausgeberschaft von Haris Kambouridis in Verbindung mit Savas L. Tsohatzidis in Thessaloniki. Weil *Kodikas* ursprünglich ausschließlich in Griechisch publiziert wurde, lag es auf der Hand, dass die Verbreitung recht eingeschränkt war.

Erstes Heft *Kodikas*

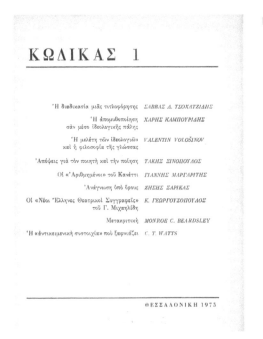

Als ich mich mit meiner Freundin Eleni Sakali in Athen aufhielt, habe ich sie darum gebeten, mich einigen mir aus der Literatur bekannten Semiotikern persönlich vorzustellen, weshalb wir in Athen und später in Thessaloniki einige Kollegen aufsuchten; u. a. haben wir Haris Kambouridis in Saloniki „überfallen", der uns nach griechischer Art freundlichst empfangen hat. Innerhalb kürzester Zeit waren wir in die lebhafteste Debatte über die weitere Entwicklung von *Kodikas* verstrickt, woraus sich diverse Anregungen entwickelten, wozu vor allem eine sprachliche Öffnung gehörte: Aus heutiger Sicht würde ich sagen, dass wir mit den weiteren Publikationssprachen Deutsch, Englisch und Französisch eine Europäisierung von *Kodikas* anstrebten. Weiterhin wollten wir uns mit einem hochkarätigen Beratergremium fachlich verstärken, womit wir dem Vorbild anderer Fachzeitschriften folgen wollten.

Dem ersten Heft, das Haris und ich unter den neuen Auspizien erstellt hatten, war absolut kein gutes Schicksal beschieden: Ein Erdbeben hatte Thessaloniki getroffen und unser erstes gemeinsames Heft in der zerstörten Druckerei verschüttet; glücklicherweise war mein Freund Haris unversehrt geblieben.

Ich bin sofort nach Saloniki geflogen und habe mit Haris darüber beratschlagt, wie es denn nun mit *Kodikas* weitergehen sollte. Wir haben ein paar verstaubte und angekokelte Exemplare unserer Zeitschrift aus dem Schutt der Druckerei herausgefischt und Herrn de Ridder vorgelegt, dem ehemaligen Cheflektor der *Semiotica*; wir sind sehr rasch handelseinig geworden, so dass aus den Überbleibseln der zerstörten Ausgabe eine neue Nummer 1:1 (1978) werden konnte.

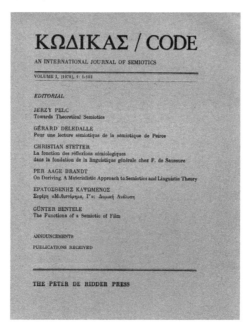

de Ridder-Ausgabe

Erstes *Kodikas*-Heft
bei Gunter Narr

Im Herbst des Jahres bin ich wie seit früher Kindheit alljährlich frohgemut zur Frankfurter Buchmesse gefahren, wo ich u. a. meinen neuen Verleger de Ridder besuchen wollte. Herr de Ridder hatte sich einen Messestand mit dem Tübinger Verleger Gunter Narr geteilt; allein, die Koje Herrn de Ridders war verwaist. Ich muss wohl ein sehr entsetztes Gesicht aufgesetzt haben; jedenfalls ist der Verleger des Nachbarstandes, Herr Gunter Narr, zu mir gekommen: der Retter in der Not!

Herr Narr ist wenige Tage nach der Frankfurter Messe zusammen mit seinem Mitarbeiter Horst Schmid zu mir nach Aachen gekommen. Wir haben einen Neuanfang der Zeitschrift *Kodikas* vereinbart, wozu Herr Schmid ein neues Coverdesign entwickelt hat. Von nun an sollte die Zeitschrift in den Publikationssprachen Deutsch, Englisch und Französisch in vier Heften pro Jahr erscheinen.

Weitere Verstärkung in fachlicher und sprachlicher Hinsicht habe ich mir durch die Mitherausgeberschaft von Jürgen Trabant und Ernest W. B. Hess-Lüttich gesichert. Eine weitere Ergänzung der Zeitschrift *Kodikas* wurde dadurch erzielt, dass wir eine Supplementreihe monographischer Studien eröffneten.

2012
Bernd Kortländer /
Hans Theo Siepe
*Balzac und
Deutschland –
Deutschland und Balzac*

Manchmal begegnen
sich Studentin und Prof.
als Lektorin und Autor
wieder: Da weiß man,
was man hat.

Erster (1990) und bislang letzter (2009) Supplementband

Aus den internationalen fachlichen Kontakten mit Semiotikern aus der ganzen Welt ergaben sich interessante neue Perspektiven für unsere Zeitschrift. Luigi Romeo, der Herausgeber der Semiotikzeitschrift *ars semeiotica,* wollte sich beruflich verändern und seine Zeitschrift einstellen. Als mir diese Information zu Ohren kam, habe ich in einer sehr freundschaftlichen, kurzen Verhandlung mit Professor Romeo erreicht, dass *ars semeiotica* nicht eingestellt, sondern mit unserer Zeitschrift *Kodikas* in einem joint venture unter der Leitung meiner inzwischen guten Freunde Jürgen Trabant und Ernest W. B. Hess-Lüttich weitergeführt wurde.

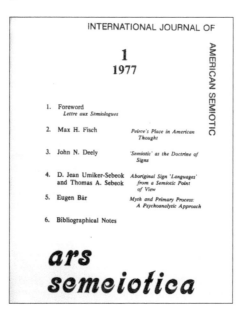

ars semeiotica

Zur Feier des 25. Jahrgangs unserer Zeitschrift haben Gunter, Jürgen, Ernest und ich in den Scheunen meines Dußlinger Bauernhauses im Kreise von zahlreichen Freunden und Kollegen ein wunderschönes Sommerfest gefeiert.

25 Jahre *Kodikas*

Mit dem Band 38.1.2 haben wir einen Relaunch unserer Zeitschrift vorgenommen und hoffen sehr, dass unsere Zeitschrift auch mit einem verjüngten Redaktionskomitee ihre jahrzehntelange Erfolgsgeschichte fortschreibt, die aufs Engste mit dem Gunter Narr Verlag und der unermüdlichen Schaffensfreude Gunter Narrs verknüpft ist.

Relaunch

Herzlichen Glückwunsch Gunter zu Deinem Achtzigsten: ad multos annos!

Dein Achim

2013

Ute K. Boonen / Ingeborg Harmes *Niederländische Sprachwissenschaft*

Wir haben ein Herz auch für die kleinen Fächer – und sie danken es uns, die 2. Auflage ist bereits in Arbeit.

Jürgen Schechler,
UVK Verlag

Auf die Grundhaltung kommt es an

Der UVK Verlag gehört – wenn man auf die fünfzigjährige Verlagsgeschichte zurückblickt – erst seit einem Wimpernschlag zur Narr Verlagsgruppe. Seit 2018 tragen also auch Mitarbeiter aus München und Konstanz zum Erfolg und zur Weiterentwicklung des vor einem halben Jahrhundert von Gunter Narr gegründeten Medienunternehmens bei. Nun stellt sich die Frage, was man mit einer doch solch kurzen Perspektive zu einer Festschrift beitragen kann, die sowohl die 80 Schaffensjahre des Verlegers als auch die 50 Unternehmensjahre des Verlags abbilden soll. Doch, da ist etwas, auf das es sich lohnt zu blicken: Es ist die Grundhaltung eines Mannes, der durch und durch Verleger der alten Schule ist.

Am Beispiel eines Großteils des utb-Programms – der wirtschaftswissenschaftlichen Lehrwerke – zeigt sich der Geist der Verleger, die sich zusammenschlossen, um kooperativ und unternehmerisch zugleich zu agieren. Gunter Narr spielte hier in den vergangenen Jahren eine wachsende Rolle.

In der Verlagskooperation utb, die 1970 gegründet wurde, war von Beginn an Wulf D. von Lucius, damals Geschäftsführer des Gustav Fischer Verlags, der sozialwissenschaftliche Werke betreute. Einen wichtigen Teil des Anfangsprogramms machten deshalb auch die betriebs- und volkswirtschaftlichen Lehrbücher aus, die nun in der Narr Verlagsgruppe ihre Heimat gefunden haben. Ebenfalls zu den elf Gründungsverlagen gehörte übrigens auch der Francke Verlag mit seinen beiden Standorten Bern und München, der heute ebenfalls zur Narr-Gruppe in Tübingen gehört.

Über den eigens gegründeten Verlag Lucius & Lucius gelangte das wirtschaftswissenschaftliche utb-Programm schließlich – bedingt durch die unternehmerische Nachfolgelücke – zu einem weiteren utb-Gesellschafter, der UVK Verlagsgesellschaft mbH in Konstanz. Der UVK-Geschäftsführer Walter Engstle sorgte dafür, dass das Wirtschaftsprogramm so im Jahr 2010 in der utb verblieb, und erweiterte mit München den Verlagsstandort.

Acht Jahre später wiederholte sich diese Geschichte: Als Walter Engstle altersbedingt nach einem verantwortungsorientierten Verleger für sein Programm suchte, wurde er in Tübingen fündig. Gunter Narr war inzwischen längst durch den Francke Verlag Gesellschafter bei utb geworden. Er übernahm also 2018 das komplette Lehrbuchprogramm der beiden UVK-Standorte. Darunter auch das inzwischen stark angewachsene BWL- und VWL-Programm.

So zeigt sich gerade am Beispiel der Geschichte dieses wirtschaftswissenschaftlichen Lehrbuchprogramms mit seinen Wurzeln in den 1960er- und 1970er-Jahren, dass Stabilität, Kontinuität und Verantwortung durch unternehmerische Persönlichkeiten sowie deren kooperativen Willen weiterhin ein Erfolgsfaktor sind. Gunter Narr steht damit in einer Reihe von Familienunternehmern, die den Tendenzen von Konzernkonzentration in der Verlagsbranche einiges entgegenzusetzen haben.

Innovative, lösungsorientierte Mitarbeiter, die an digitalen Lösungen und dauerhaften Publikationen wirken, können auf diese Weise einen Verlag wie diesen zu einer Heimat für Autoren, Lesern und vielen Bildungseinrichtungen machen.

2014

Konstanze Marx
Internetlinguistik

Schwer auf gedruckte Seiten zu bannen, dieses unübersichtliche, höchst bewegliche Internet. Hier ist es trotzdem gelungen, die wesentlichen Aspekte des neuen Forschungsgebiets grundlegend zu erfassen.

Prof. Dr. Horst-Jürgen Gerigk,
Universität Heidelberg

Der Autor und sein Verleger: eine Geschichte mit vielen Pointen

Was wäre der Autor ohne seinen Verleger? Und was wäre der Verleger ohne seinen Autor? Die gegenseitige Abhängigkeit hat ihr Zentrum im Markt. Ohne Markt kein Verleger und kein Autor! Der Autor will berühmt werden. Und der Verleger will verkaufen. Das literarische Werk aber benötigt einen Titel, der das Publikum interessiert. Und der Verleger hilft dem Autor dabei, einen solchen Titel zu finden.

Dostojewskij wollte das Manuskript seines Romans „Der Spieler" zunächst „Roulettenburg" nennen. Sein Verleger aber winkte ab: „Der Spieler" sei der richtige Titel. Dostojewskij ließ sich darauf ein, und das Werk wurde ein Erfolg.

„Der Idiot" ist ein sehr guter Titel: einfach und ungewöhnlich. Hierzu eine kleine Anekdote. Rolf-Dieter Kluge hat im Sommersemester 2001 an der Universität Tübingen eine Ringvorlesung zum Thema „Dostojewskij" organisiert. Ich wurde eingeladen, um über den Roman „Der Jüngling" zu berichten. Kluge selbst sprach über den Roman „Der Idiot". Als ich aus Heidelberg in Tübingen eintraf, zeigte mir mein Kollege Kluge einen Eintrag in der dortigen Tageszeitung: heute Abend um 18.00 Uhr KLUGE: Der Idiot. Und ich kommentierte mit dem Hinweis: „herausgegeben von Doktor NARR". Zweifellos ein schönes Wortspiel: Kluge, Idiot und Narr.

Ganz unabhängig davon möchte ich vermerken, dass ich in Dr. Gunter Narr einen Verleger gefunden habe, wie er besser gar nicht zu wünschen wäre. Im Jahre 2000 erschien von mir im Attempto Verlag meine kleine Schrift: „Dostojewskij, der ‚vertrackte Russe'". Untertitel: „Die Geschichte seiner Wirkung im deutschen Sprachraum vom Fin de Siècle bis heute". Umfang: 93 Seiten. Heute längst vergriffen. Und dazu hat gewiss auch beigetragen, dass ich diesen Text im Fernseh-Programm der „Tele-Akademie" am 5. Januar 2003 vorgelesen habe.

Und heute, im Jahre 2019, bin ich davon überzeugt, dass Herr Dr. Gunter Narr auch das Finanzierungsproblem positiv lösen wird, das mit Heft 22 (2018) der „Dostoevsky Studies" entstanden ist, so dass Heft 22 alsbald erscheinen kann: ein Jahrbuch, das ich seit 1999 (Heft 3) im Attempto Verlag herausgebe: also seit 18 Jahren!

Herr Narr hat das in ihn gesetzte Vertrauen wieder einmal gerechtfertigt: Heft 22 steht nichts mehr im Wege.

2015

Erich Auerbach
Mimesis, 11. Aufl.

Die Wahl dieses Juwels unserer Backlist bedarf keiner Erklärung. Wir begleiten mit Ehrfurcht und Dankbarkeit diesen Klassiker auf seinem Weg um die Welt: 2019 erschien beispielsweise eine hebräische Ausgabe.

Prof. Dr. Christof Mauch,
Ludwig-Maximilians-Universität München

Ein bisschen Nikolaus

Über ein viertel Jahrhundert ist es her, seit ich Gunter Narr zum ersten Mal begegnet bin. 1992 dürfte das gewesen sein. Narr verlegte damals ein Buch von Jürgen Heideking und mir zum US-Geheimdienst. Mich hat die Neugierde beeindruckt, die der Romanist Narr für unser Projekt an den Tag gelegt hat. Immerhin standen Literatur und Sprache im Zentrum der Narr-Veröffentlichungen; das Geheimdienstbuch zielte in eine völlig neue Richtung. Nie vergessen werde ich die Veranstaltung im Stuttgarter Gewerkschaftshaus, die Narr eigens für unser Buch – mit dem ‚Medienstar' Eberhard Jäckel als Kommentator – eingefädelt hat. Das war ein Highlight für mich als junger Assistent. Und das Abendessen, das auf die Veranstaltung folgte, auch: „Danoch ganga mr no a bissle was essa. Nix großes." Es war ein opulentes Dinner. Schwäbisches Understatement.

Der „Zufall" habe ihn zum Verleger gemacht, hat Gunter Narr immer wieder erklärt, „das Glück einen Mann wie Eugen Coseriu als ersten Autor zu verlegen". In Wirklichkeit hat der waschechte Schwabe Narr mehr als hart für sein „Verlagshäusle" gearbeitet. „Von nichts kommt nichts". Das wusste auch er. Gunter Narr ist ein erfolgreicher Unternehmer: einer, der riskiert und experimentiert und, ja, auch expandiert. Immer ist er dabei Mensch geblieben, ein generöser, der nie mit leeren Händen kommt: Bei seinem Besuch kürzlich in München hat Gunter Narr – ein bisschen Nikolaus – einen Sack voll kleiner Mitbringsel, Bücher und schwäbischen Sekt, mitgebracht.

Ich gratuliere dem Jubilar, dem schwäbischen Unternehmer, dem Visionär, dem Menschen Gunter Narr. Wie schön, denke ich, dass wir in einer Welt leben, in der die Leidenschaft für Bücher noch von Erfolg gekrönt sein kann.

Prof. Dr. Rainer Zaiser,
Christian-Albrechts-Universität zu Kiel

Keine Woche ohne Narr

Die Anfänge meiner Begegnungen mit dem Narr Francke
Attempto Verlag gehen auf eine Zeit zurück, in der der Verlag
noch unter dem alleinigen Namen Gunter Narr firmierte und
seine Büroräume auf dem Österberg in Tübingen hatte. Ich selbst
war nie dort gewesen und sollte Herrn Narr auch erst später, als
das Verlagshaus in Hirschau bezogen war, persönlich kennenler-
nen. Aber mein akademischer Lehrer, Prof. Dr. Wolfgang Leiner,
stand bereits im regen Austausch mit Gunter Narr, da dieser zwei
von Leiner herausgegebene Publikationsorgane, die Zeitschrift
Œuvres et Critiques und die Buchreihe Études littéraires françaises,
verlegte. Als ich 1982 bei Wolfgang Leiner wissenschaftlicher
Mitarbeiter wurde, beauftragte dieser mich mit Koordinations-
aufgaben bezüglich dieser beiden Publikationen. Auf diese Weise
kam ich in Kontakt mit dem Verlag. Meine Zusammenarbeit
intensivierte sich, als ich Mitte der 80er-Jahre zusammen mit
meinen damaligen Tübinger Kollegen Ulrich Döring und Antiopy
Lyroudias eine Festschrift für Wolfgang Leiner vorbereitete, die
1988 unter dem Titel Ouverture et Dialogue erschien und im
Hirschauer Verlagshaus in einer für mich unvergesslichen Feier
übergeben wurde, die auch ein besonderes Zeichen der Freundschaft zwischen Gunter Narr und Wolfgang Leiner war.

Für mich wurde die Verbindung zum Narr Verlag noch enger,
als sich Wolfgang Leiner nach seiner Emeritierung dazu entschloss, auch die von ihm gegründete Zeitschrift Papers on French
Seventeenth Century Literature und die Supplementreihe Biblio
17 vom Narr Verlag verlegen zu lassen. Da ich in der redak-
tionellen Équipe der Papers und der Biblio 17-Reihe schon seit
Mitte der 1980er-Jahre kontinuierlich mitgearbeitet hatte, wurde von nun an meine Zusammenarbeit mit dem Verlag noch
intensiver, und sie ist es bis heute in dieser Form geblieben, vor
allem, seit ich nach dem Tod von Wolfgang Leiner im Jahre 2005
seine Zeitschriften und Reihen als Herausgeber übernommen

habe. Mit jeweils zwei Heften *Œuvres et Critiques* und *Papers on French Seventeenth Century Literature* sowie mit durchschnittlich 6 Bänden in der Reihe *Biblio 17* und 2 in *Études littéraires françaises* pro Jahr vergeht im Grunde keine Woche, in der ich nicht mit dem Verlag korrespondiere oder telefoniere. In diesen vielen Jahren der Zusammenarbeit habe ich eine tiefe Verbundenheit mit dem Verlag entwickelt und möchte hiermit meine Dankbarkeit zum Ausdruck bringen gegenüber Gunter Narr, der schon immer bereit gewesen ist, zwei Zeitschriften und zwei Reihen in seinem Verlagsprogramm aufrechtzuerhalten, deren Beiträge nicht selten auch Nischen aus der Geschichte der französischen Literatur gewidmet sind. Mein besonderer Dank gilt auch Kathrin Heyng, die mit großer Freundlichkeit, Geduld und Engagement die Publikationen, die ich herausgebe, im Verlag betreut. Als ich unlängst auf einer *dix-septiémisten*-Tagung in Fribourg in der Schweiz mit einer kanadischen Kollegin sprach, die 2016 und 2017 jeweils einen Tagungsband in der *Biblio 17*-Reihe veröffentlicht hatte, gestand sie mir, dass sie noch nie bei einer ihrer Publikationen eine so zuverlässige, schnelle und akkurate Betreuung durch einen Verlag erfahren habe, wie dies bei Narr der Fall gewesen sei. Dieses positive Echo begegnet mir in der internationalen Gemeinschaft der Spezialisten auf dem Gebiet der französischen Literatur des 17. Jahrhunderts immer wieder. Längst ist in dieser Gemeinschaft der Gunter Narr Verlag zu einer Marke geworden, die zeigt, wie man von Hirschau aus bei Leserinnen und Lesern zwischen Paris und San Francisco Gehör finden kann.

Herzlichen Glückwunsch zum fünfzigjährigen Bestehen. Weiter so!

2016

Anna Kathrin Bleuler
Essen – Trinken – Liebe

Ob der geschickt gewählte Titel an dem ungewöhnlichen Erfolg dieses Buches schuld ist?

Prof. Dr. Peter V. Zima,
Freiburg i. Br.

Vom 25. zum 50. Jubiläum:
Mein Weg mit Gunter Narr

Mein erster Kontakt zum Narr Francke Verlag kam Ende der 1980er-Jahre zustande, als ich drei Jahre nach der Veröffentlichung meines Buches *Roman und Ideologie* (1986, 1999) bei Fink diesem Verlag auch mein neues Buchprojekt *Ideologie und Theorie* anvertrauen wollte. Der damals noch in München ansässige Verlag weigerte sich (wie etwas später auch der Westdeutsche Verlag), von diesem Buch mehr als 800 Exemplare anzufertigen und lehnte es zugleich ab, meine *Literarische Ästhetik* in der UTB-Reihe zu veröffentlichen. Es sei kein richtiges Lehrbuch, hieß es.

Ich war aus Frankreich wesentlich höhere Auflagen gewohnt (in Paris rechnete man damals noch in Tausenden, nicht in Hunderten), gab nicht auf und beschloss, meine Suche fortzusetzen. Nach einem kurzen Briefwechsel erklärte sich Gunter Narr bereit, *Ideologie und Theorie* (ca. 500 S.) mit einer Auflage von 1000 Exemplaren herauszubringen. Ich sah noch ein letztes Mal das schon mehrfach korrigierte Manuskript durch und machte mich auf die Reise nach Tübingen: eine Stadt, die ich noch nicht kannte und die auf mich gleich am ersten Abend mit ihren Fachwerkhäusern, die sich im Neckar spiegelten, einen fast unwirklichen Eindruck machte. Ich fühlte mich ins frühe 19. Jahrhundert versetzt: in die Zeit Hölderlins und Hegels.

Am nächsten Morgen empfing mich Gunter Narr mit der für ihn charakteristischen jovialen Sachlichkeit: „Das machen wir: 800 oder 1000 ist ja kein so großer Unterschied." Nach den zähen Diskussionen bei Fink und beim Westdeutschen Verlag fiel mir ein Stein vom Herzen: Endlich fand sich ein unternehmungslustiger Verleger, der auch ein offenes Ohr für die in der *Literarischen Ästhetik* geplante Rekonstruktion der philosophischen und ästhetischen Grundlagen literaturwissenschaftlicher Theorien hatte und sich bereit zeigte, das Buch bei Francke in der UTB-Reihe zu veröffentlichen.

Nach einer erfolgreichen Besprechung, an der auch der damalige Verlagslektor Rainer Moritz teilnahm, fuhren wir zum Mittagessen nach Rottenburg, um den Beginn unserer Zusammenarbeit zu feiern. Es sollte nicht unser letztes Mittagessen sein, und auf der Rückfahrt nach Tübingen-Hirschau sagte Gunter Narr: „Auch Ihre künftigen Projekte würden uns interessieren, sicherlich haben Sie noch einiges vor." Unsere beiden ersten Bände – *Ideologie und Theorie, Literarische Ästhetik* – waren recht erfolgreich: Für *Ideologie und Theorie* erhielt ich 1993 in Bonn, „Im Stifterverband für die Deutsche Wissenschaft", den mit 15.000 DM dotierten „Ellen und Max-Woitschach-Preis" für „Ideologiefreie Wissenschaft", und das Buch wurde 1996 ins Koreanische übersetzt: 771 Seiten! Die *Literarische Ästhetik* erschien 1991 und die Absatzzahlen (1251 Exemplare im ersten Jahr) widerlegten die im Fink Verlag geäußerten Befürchtungen. 1995 kam eine 2., verbesserte Fassung zustande, und wir planen eine 3., um ein soziologisch-ästhetisches Kapitel erweiterte Auflage. Das Buch wurde ins Chinesische, Koreanische und Tschechische übersetzt und vor allem in Korea in verschiedenen literaturwissenschaftlichen Zeitschriften kommentiert.

Im Laufe der Jahre erschienen weitere Bände in und außerhalb der UTB-Reihe, von denen sich zwei – *Moderne / Postmoderne* und *Theorie des Subjekts* – in der 4. Auflage verkaufen. Als im Jahre 1997 die erste Auflage von *Moderne / Postmoderne* herauskam, standen zur Feier des Tages gleich zwei Champagner-Flaschen auf dem Tisch: Die Verlagslektorin – Frau Jasmine Stern – hatte eine Flasche aus dem Kühlschrank geholt, allerdings nicht damit gerechnet, dass auch meine Frau und ich eine Flasche mitbringen würden. Herr Narr erkannte gleich nach der Begrüßung das Dilemma und sagte: „Also beide können wir nicht leeren, sonst können wir gleich schlafen gehen." Frau Narr fand sofort eine Lösung: „Na, trinken wir doch die aus dem Kühlschrank!"

Am Umtrunk nahm auch Frau Karin Burger teil, die mir stets freundlich und geduldig hilft, das Register zu erstellen. Von *Moderne / Postmoderne* liegen inzwischen eine erweiterte englische Fassung und eine koreanische Übersetzung vor.

Es war nicht der letzte Umtrunk: Als im Jahre 2002 die englische Übersetzung meiner Dekonstruktion (*Deconstruction and Critical Therory*, London, Continuum) erschien, fuhren wir gemeinsam mit dem Verlagslektor Stephan Dietrich zum Tübinger Schloss hinauf. Nach einem Rundgang durch den Schlosshof lud uns Herr Narr in das Schlossrestaurant ein, wo wir auf einer sonnigen Gartenterrasse den Entwurf für den Sammelband *Krise und Kritik der Sprache* (Narr Verlag, 2004) besprachen. Im Jahre 2014 feierten wir – Frau Narr, Herr Narr, der Verlagslektor Daniel Seger, meine Frau und ich – unsere fünfundzwanzigjährige Zusammenarbeit: von 1989 (*Ideologie und Theorie*) bis 2014. Zugleich konnten wir meinen damals neuen Band *Entfremdung* auf den Weg in die UTB-Distribution bringen.

Gunter Narr sind wir besonders dankbar dafür, dass er während des Habilitationsverfahrens meiner Frau Veronica Smith im Jahre 2003 umgehend die dringend benötigte Publikationszusage übersandte und sowohl ihre Dissertation als auch ihre Habilitation – *Thinking in a Foreign Language* (1994) und *Tertiary Language Learning* (2010) – im Narr Verlag veröffentlichte. Die Veröffentlichung der Habilitationsschrift haben wir im Hirschauer Gasthof „Zum Löwen" gefeiert, wo wir zuvor schon mehrmals mit dem Verlagslektor Jürgen Freudl gegessen hatten, und Herr Narr zeigte uns nach dem Mittagessen den Wanderweg zur Wurmlinger Kapelle, von der aus man einen einmaligen Ausblick auf das umliegende schwäbische Hügelland hat.

In einer Zeit, da viele Verlage verschwinden oder nur noch dem Namen nach existieren, behauptet Gunter Narr, dessen Unternehmergeist ich immer bewundert habe, seine Eigenständigkeit und bringt es sogar fertig, andere Verlage – z. B. den Tübinger Attempto Verlag, zuletzt sogar den Konstanzer Universitätsverlag – zu übernehmen und zu retten. Angesichts solcher Leistungen gratulieren wir ihm vom ganzen Herzen zum 80. Geburtstag und zum 50. Verlagsjubiläum und wünschen ihm und seiner Frau Sonja Narr Gesundheit und der Verlagsgruppe eine erfolgreiche Zukunft.

2017
Ada Kadelbach
Paul Gerhardt im Blauen Engel

Wenn eine engagierte Autorin etwas aus ihrem Herzensthema macht, folgen gute Verkäufe und eine Fülle hymnischer Rezensionen. Wir sind ehrlich gesagt überrascht, aber freuen uns jedes Mal mit.

Hans Joachim Madaus: Auf Goethes Spuren in Sizilien
Detail: Aus dem Tempelfries von Selinunt, Metope „Raub der Europa", heute im Archäologischen Museum von Palermo

„… und ich finde mich recht glücklich, den großen, schönen, unvergleichbaren Gedanken von Sizilien so klar, ganz und lauter in der Seele zu haben." (17. Mai 1787)

Prof. Dr. Peter Wunderli (†),
Düsseldorf / Twann

Gunter und ich

Meine erste Begegnung mit Gunter Narr geht auf das Jahr 1972 zurück. Ich war damals mehr oder weniger frischgebackener Ordinarius in Freiburg i. Br. und hatte einen ebenso frischgebackenen Kollegen, Hans-Martin Gauger, ein Schüler von Eugenio Coserius Erzfeind Mario Wandruszka; beide wirkten damals in Tübingen. Wir beschlossen trotzdem, Coseriu nach Freiburg einzuladen.

Coserius Auftritt war wie üblich beeindruckend. Auch ihm begegnete ich bei diesem Anlass zum ersten Mal persönlich, und natürlich auch Gunter. Und wir gingen gemeinsam essen in einem der guten Restaurants um Freiburg herum: Eugenio Coseriu, Hans Staub, Rainer Hess, Hans-Martin Gauger, ich – und Gunter Narr.

Gunter war damals Assistent bei Coseriu, und als solchem kam es ihm auch zu, den großen Meister fast täglich in die Uni zu fahren und später wieder nach Hause zu bringen. Wie er zu dieser Ehre kam, illustriert eine kleine Anekdote. Als Coseriu seine Professur in Tübingen antrat, versammelte er zuerst einmal seine gesamte Mannschaft um sich und fragte dann: „Wer von Ihnen hat einen Wagen?" Gunter antwortete wahrheitsgetreu mit ja, was Coseriu dazu veranlasste anzuordnen: „Dann sind Sie jetzt mein Fahrer." Und das blieb nicht nur so für die Fahrt vom Wohnsitz in die Universität und zurück, sondern auch für kürzere Reisen wie z. B. nach Freiburg i. Br. Und deshalb war Gunter dann auch bei dem oben erwähnten Treffen dabei.

Von da an hatte ich mehr oder weniger regelmäßig Kontakte sowohl mit Coseriu (dem ich sowohl auf Kongressen und Kolloquien begegnete als auch auf Besprechungen im Rahmen der *Travaux de linguistique* in Gent) als auch (und vor allem) mit Gunter. Dieser hatte schon 1969 damit begonnen, von verschiedenen Mitarbeitern angefertigte Nachschriften von Coserius Vorlesungen gewissermaßen als Seminarpublikationen und Skripte für die Tübinger Studenten und einen noch viel weiteren Kreis zu veröffentlichen. Dieses „Zusatzgeschäft" nahm mit der Zeit derartige Dimensionen an, dass Gunter sich entschloss, aus seinem Seminarunternehmen einen eigentlichen Verlag zu machen, in dem die Coseriu-Nachschriften und weitere Publikationen als *Tübinger Beiträge zur Linguistik* (TBL) ihren Platz fanden.

Von diesem Zeitpunkt an war der Narr Verlag mein „Hausverlag", in dem ich alle meine linguistischen Buchpublikationen veröffentlichte; eine Ausnahme bildeten nur größere Publikationsprojekte, die ich schon früher anderweitig gestartet hatte, wie z. B. die kommentierte Ausgabe des franko-italienischen Romans *Aquilon de Bavière*, oder die über langfristige Verträge, Mitautoren oder Reihenzwänge an andere Verlage gebunden waren. So erschien dann in der Folge eine beachtliche Reihe von Publikationen im Narr Verlag:

\ Modus und Tempus (1976)
\ Französische Intonationsforschung (1978)
\ Saussure-Studien (1981)
\ Du mot au texte (1981)
\ L'intonation des séquences extraposées en français (1986)
\ Sprachtheorie und Theorie der Sprachwissenschaft (1990)
\ Zur Geschichte der Grammatiken romanischer Sprachen (1991)
\ Italica, Raetica, Gallica (2001)

Diese intensiven Kontakte verstärkten sich noch erheblich, nachdem Gunter Narr noch den Francke Verlag in Bern übernommen hatte und damit auch die Verlegerschaft der schweizerischen romanistischen Fachzeitschrift *Vox Romanica* und der dazugehörigen Schriftenreihe *Romanica Helvetica*, und überdies Gerold Hilty die Redaktion dieser beiden Organe an mich und Ricarda Liver abgetreten hatte, mit der zusammen ich zehn Jahrgänge redigierte und zur Publikation brachte (1992–2001). Das vom *Collegium Romanicum* eingesetzte Kuratorium traf sich zu Beginn jeden Jahres einmal in der Forschungsbibliothek Jud an der Universität Zürich, und natürlich war der Verleger Gunter Narr mit von der Partie, der ausführlich über Geschäftsgang und finanzielle Probleme referierte. Und im Anschluss an diese Geschäftssitzungen ging man zum gemeinsamen Mittagessen in die Zürcher Altstadt, wo es an einem Samstag nicht immer ganz ein-

2018
Serge Ragotzky
Kampf ums Geld

Zwar nähert sich der Autor dem Thema „Vermögensbildung" umfassend aus technischer, wirtschafts- und sozialwissenschaftlicher Perspektive – aber am Ende geht es doch ums (eigene) Geld.

fach war, ein geeignetes Lokal zu finden, dessen Küche in Betrieb war. Diese gemeinsamen Essen waren ein wahrer Segen für die gegenseitigen Kontakte und eine erfolgreiche Zusammenarbeit.

Aber das war bei weitem noch nicht alles unserer Zusammenarbeit. Nach meiner Emeritierung im Jahre 2003 fand ich wieder mehr Zeit für die Forschung und Publikationstätigkeit und es war mir möglich, früher ins Auge gefasste, dann aber lange vernachlässigte Projekte wieder aufzunehmen und auch zum Abschluss zu bringen, insbesondere eine neue deutsche Übersetzung des *Cours de linguistique générale* von Ferdinand de Saussure sowie die Edition zumindest eines Teils der altokzitanischen Bibelübersetzungen. Mit den okzitanischen Bibelübersetzungen hatte ich mich schon Ende der Sechzigerjahre befasst und zwei kleinere Bändchen publiziert: einen Überblick über die okzitanischen Bibelübersetzungen, der bis heute seine Gültigkeit im Wesentlichen bewahrt hat, sowie eine aufwendige Edition der ältesten okzitanischen Version der Abendmahlsgeschichte. Von meiner intensiven Beschäftigung mit Saussure zeugen meine Saussure-Studien (Wunderli 1981) und eine Reihe von weiteren Aufsätzen sowie meine Auseinandersetzung mit Saussures Anagrammstudien (Wunderli 1972). Und als getreuer Freund und Begleiter bot mir Gunter nun die Möglichkeit, an diese frühen Traditionen wieder anzuknüpfen.

Als Erstes nahmen wir das Lyoner NT in Angriff, das zwar seit 1887 in einer Faksimile-Ausgabe zugänglich war, den Nicht-Spezialisten aber eindeutig überforderte; die beiden Bände erschienen 2009 und 2010. Es folgte dann das „Saussure-Intermezzo" mit einer zweisprachigen Ausgabe des *Cours* und neuer deutscher Übersetzung sowie einer deutschen Studienausgabe (2013 und 2014). Die Rückkehr zu den okzitanischen Bibelübersetzungen erfolgte 2016 mit der zweibändigen Publikation des Pariser NT, an die sich 2017 die zweibändige Veröffentlichung einer okzitanischen Übersetzung der vier Evangelien aus dem Anhang einer Weltenchronik anschloss. Und gegenwärtig sind zwei Bände der Publikation der einzigen umfassenderen Version des Alten Testaments im Druck. – Damit war das Reservoir der im engeren Sinne okzitanischen Versionen erschöpft; die waldensischen Adaptationen überlasse ich anderen.

\

Lieber Gunter, ich danke Dir ganz herzlich für Deine Freundschaft und Deine jahrzehntelange Unterstützung. Und ich gratuliere Dir von ganzem Herzen zu Deiner 50-jährigen Herausgebertätigkeit und zu Deinem 80. Geburtstag! Bleibe gesund und weiterhin unternehmenslustig!

Twann, den 1.1.2019   *Peter*

2018

Ira Frost
*Mathematik für
Wirtschaftswissen-
schaftler, 3. Aufl.*

Den meisten
Studierenden der
Wirtschaftswissen-
schaften fröstelt, wenn
sie an ihre Statistik-
Prüfung denken. Dass
man dagegen etwas
tun kann, sogar wenn
man Frost heißt,
beweist dieses Buch
nun schon in der dritten
Auflage.

Prof. Dr. Gio Batta Bucciol,
Università degli Studi Verona

Gunter Narr: Gegenbeispiel und Ausnahme

Am Anfang stand Thomas Mann als ein Hindernis zwischen mir und Gunter. Als ich ihn kennengelernt habe, hatte ich *Die Buddenbrooks*, *Tonio Kröger* und weitere Werke dieses Autors schon gelesen, und die ganze, komplexe Problematik der Texte Thomas Manns wurde von mir auf eine einfache Formel reduziert: Zwischen der Welt der Tat und des Geschäfts auf der einen Seite und der Welt des Geistes und der Kunst auf der anderen Seite fehlen echte Berührungspunkte. Ich kannte Sätze aus *Tonio Kröger*: Sätze, die die krasse Diskrepanz zwischen Geschäft und Kunst versinnbildlichen.

Die Unversöhnlichkeit zwischen dem Geist und dem praktischen Sinn wird z. B. auch in folgendem Gespräch Tonio Krögers mit Hans Hansen deutlich:

> „Ich habe jetzt etwas Wundervolles gelesen, etwas Prachtvolles …", sagte er [Tonio Kröger] …
> „Du mußt es lesen, Hans, es ist nämlich ‚Don Carlos' von Schiller … ich leihe es dir, wenn du willst …"
> „Ach nein", sagte Hans Hansen, „das laß nur, Tonio, das paßt nicht für mich. Ich bleibe bei meinen Pferdebüchern, weißt du. Famose Abbildungen sind darin, sage ich dir. Wenn du mal bei mir bist, zeige ich sie dir. Es sind Augenblicksphotographien, und man sieht die Gäule im Trab und im Galopp und im Sprunge, in allen Stellungen, die man in Wirklichkeit gar nicht zu sehen bekommt, weil es zu schnell geht …"
> „In allen Stellungen?" sagte Tonio höflich. „Ja, das ist fein. Was aber ‚Don Carlos' betrifft, so geht das über alle Begriffe. Es sind Stellen darin, du sollst sehen, die so schön sind, daß es einem einen Ruck gibt, daß es gleichsam knallt …"
> „Knallt es?", fragte Hans Hansen … „Wieso?"

Diese Passage, die zwei verschiedene Charaktere kennzeichnet, war für mich auch deswegen interessant, weil sie die Diskrepanz zwischen dem kulturellen Marbach von Schiller und dem anderen Marbach, dem Marbach der Pferde, der Stuten, veranschaulicht.

Auf Grund meiner damaligen literarischen Überlegungen musste Gunter in die Nähe von Hans Hansen gerückt werden. Eines Tages aber hörte ich zufällig, dass Gunter die klassische Musik liebt, dass er Konzertsäle und Opernhäuser besucht. Hat er vielleicht auch Schillers *Don Carlos* gerngehabt? Hat er darin Stellen gefunden, die so schön sind, dass es einem einen Ruck gibt?

Darüber hinaus erfuhr ich, dass er Bilder sammelt, und zwar die Bilder von Hans Joachim Madaus. Wie Meister Anton am Schluss von Hebbels *Maria Magdalene* wiederholte ich: „Ich verstehe die Welt nicht mehr."

Schnell fand ich eine Erklärung für alle Ungereimtheiten. Die Lösung aller Widersprüche fiel mir relativ leicht: Gunter ist ein Gegenbeispiel, er ist eine Ausnahme, so stellte ich fest.

Allerdings hat Gunter immer mit den Büchern, mit der Schrift zu tun gehabt. Und was steht dem Geist näher als die Schrift und das Buch?

Ein *Grand Seigneur* des Verlagswesens feiert jetzt ein rundes Jubiläum, und möglichst viele Freunde und Bekannte sollten seine Erfolge würdigen. Nun aber mahnt Lucio Mariani, ein Dichter, den Gunter verlegt hat, zur Zurückhaltung, denn der Neid auf das Glück des Menschen sei allgegenwärtig. Auch die Götter teilten diesen Neid:

> Sprich leise, verstelle dich, lüge über unser Leben.
> Die Götter sind da, sogar in den Blättern des Ölbaums,
> unter den schlichten Kronblättern einer rosa Kamelie,
> im Federkleid, das das Rotkehlchen stolz zur Schau stellt.
> Sie spitzen die Ohren in der Orangerie, im Schutz
> des Dickichts, im Wasserstrahl,
> der selten und plötzlich wie eine Meldung
> aus der Steinmaske hervorspringt, sie liegen am Saum
> des Kissens, der dein Gesicht einrahmt. Vergiss nie,
> dass ihr Neid keinen Schritt zurückweicht.
> Nimm dich zusammen: Zeig niemals unser Glück.

Ein anderer Dichter, Luciano Erba, auch von Gunter verlegt, meldet Vorbehalte. In einem Gedicht wendet er sich an ein hypothetisches Du und rät ihm, Feste, Jubiläen und große Bankette zu meiden: Da herrsche die Etikette, da sei man nicht frei, sich zu bewegen und genug zu trinken. Am besten bleibe man fern von solchen Festbanketten,

wo ein alter Diener hinter dir steht
der kaum einen Finger breit eingießt.

Aber lassen wir nun die literarischen Zitate, sie stiften nur Verwirrung. Wenden wir uns lieber der Musik zu, zum Beispiel dem Trinklied aus der *Traviata*, mit dem prickelnden, mitreißenden Rhythmus und mit der Aufforderung zur Freude:

Trinken wir mit Genuss …
dazu lädt uns
ein feuriger verlockender Spruch.

2019
Heinrich Dumoulin
Geschichte des Zen-Buddhismus, 2. Aufl.

Ein großes erleichtertes „Endlich"!
Leider ist der Autor bereits verstorben, als deutscher Jesuitenpater in Japan und Buddhismusspezialist wäre er der perfekte Talkshowgast.

\ Erreichtes und Erwünschtes
Was wir sind und was wir werden

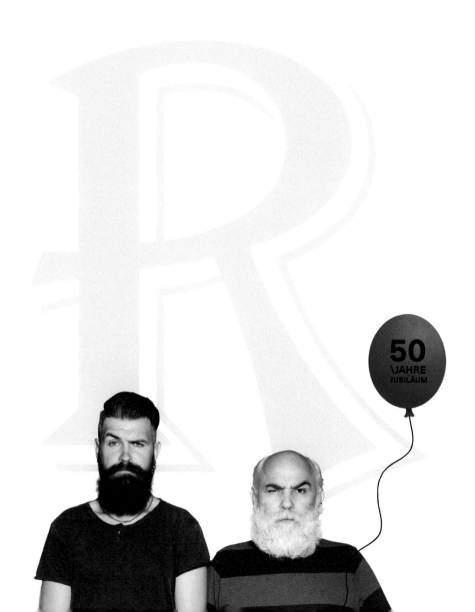

Robert Narr

Vom Alten und Neuen und dem Miteinander

Manchmal kommt es mir vor, als wäre ich schon ewig Teil des Verlags. Tatsächlich war das ja mal alles ganz anders geplant: Mit der Elektrotechnik auf nach Südkorea, das war mein Ziel – bis zu diesem Januar vor fünfeinhalb Jahren damals. Den Bleisatz hattest Du, lieber Gunter, ja glücklicherweise längst schon abgeschafft, und auch 2013 war es wieder Zeit für eine Innovation (eine von der Sorte, deren Wichtigkeit Du ja auf natürliche Weise erahnst, wenn andere noch lange zögern): Eine richtige Verlagssoftware sollte her, um die ganzen Titel und Adressen zu verwalten und endlich von Excellisten und Hängeregistraturen wegzukommen (Letztere findet man allerdings heute noch hier und da). Die Software einzuführen war jedoch unerwartet kompliziert, technisch, IT-lastig, digital … und wollte nicht so ganz gelingen. Deshalb bin ich damals als Aushilfe eingesprungen, denn ich hatte ja noch drei Monate Zeit, ehe ich nach Asien aufbrechen wollte.

Schon seit meiner Kindheit kannte ich den Verlag und sein Team, und ich hatte Spaß am Ausprobieren und ein Faible für Software. Und man hilft sich in der Familie, denn hier ging es ja schließlich um was. Warum also nicht? Tatsächlich hätten wir wohl alle nicht gedacht, was das für eine Kettenreaktion auslöste. Ich schnupperte hinein, hämmerte das Verlagsprogramm in die Datenbank und entdeckte Potenzial: Da ging doch noch mehr. Da gab's ja was zum Anpacken. Wir sind eine Anpacker-Familie, die nicht nur treiben, sondern etwas bewegen wollen, keine Macher, sondern Unternehmer. Die Entscheidung für den Verlag war trotz allem nicht leicht, denn es ging plötzlich um was Grundsätzliches. Aber: Die schweren Entscheidungen sind meist auch die wichtigsten. (Das weiß man allerspätestens seit *Matrix*, wenn Neo vor der Wahl steht, die rote oder die blaue Pille zu nehmen.) Und auch hier gilt: Wer wagt, gewinnt.

Um das einmal runterzubrechen: Was habe ich gewonnen? Eine ziemlich erfüllende, verantwortungsvolle Tätigkeit, die Chance, innovativ zu sein, auszuprobieren, weiterzukommen.

Selbst ist der Verleger! 2016 erbauten wir zum ersten Mal eigenhändig unser „kleines Imperium" auf der Frankfurter Buchmesse.

Was hast Du gewonnen? Jemanden, dem Du vertraust und Dinge zutraust, weil Du Dich auf ihn verlassen kannst, jemanden, der Dir diese ominöse Digitalisierung abnimmt. Was hat der Verlag gewonnen? Ein neues Vokabular (denn ich benutze Wörter wie *mega* und *fancy* und mein allzeit einsetzbares *Ding*, wenn ich etwas umschreibe) und jede Menge Computer, Telefone und Serverschränke, Festplatten, einen neuen Werbeauftritt, einen neuen Messestand zum Selberaufbauen, XML-basierte Workflows, mehr Standards, einen alten und einen neuen WebShop, eine Zeitschriftendatenbank und eine eLibrary, dazu schnelle Entscheidungen und noch ein wenig mehr Wagemut.

2018 zeigen sich die Vorteile des Baukastenprinzips: Der Messestand passt sich flexibel an, wenn wieder mal ein Verlag dazukommt.

Die letzten fünfeinhalb Jahre waren turbulent und spannend. Überlegt, aber ohne viel Zögern gehen wir neue Projekte an, ob es jetzt um Verlagszukauf, Umbaumaßnahmen oder digitale Innovationen geht. Umstellungen im Arbeitsalltag und der Software kosten jede Menge Nerven und Zeit, daher ist es gut und wichtig, dass Verleger und Mitarbeiter/innen den Fortschritt zu schätzen wissen. Warum das zwischen Dir und mir gut klappt, kommt wohl daher, dass Du mir vertraust, mich machen lässt und keiner Neuerung im Weg stehst. 2019 ist eben doch noch einmal ganz anders, und das weißt Du, deshalb schätzen wir Dich. Anders als viele andere gibst Du die Dinge ab, wenn Du erkennst, dass Du das einfach nicht mehr machen musst. Ich weiß, dass Du mir was über geisteswissenschaftliche Titel voraushast, und Du weißt, dass ich Dir die Notwendigkeit des Satzautomatismus aufdrängen kann. Wir wissen das Know-how des jeweils andern zu schätzen, können es einordnen und da nachgeben, wo wir dem anderen aufgrund seiner Erfahrung einfach vertrauen müssen. Jeder nach seinen Stärken. Und auch wenn's manchmal etwas hitzig ist hier und da, kommen wir doch immer voran.

Wir wissen beide, wie wichtig Sonja in all diesen Konstellationen für uns als Familie und für den Verlag ist und dass wir ohne ihr Feingefühl fürs Personalmanagement und das Arbeitsklima wohl manchmal ziemlich aufgeschmissen gewesen wären (ein herzlicher Dank an dieser Stelle!).

Das Schöne am Verlagsalltag ist für mich, dass er zum Großteil völlig unberechenbar ist. Fast jeder Tag bringt Überraschungen hervor, manchmal auch Haarsträubendes. Zwischen Umsatz-Checken und Programm-Machen, der Behebung von Serverabstürzen und Herstellungs-, Vertriebs- und Lektoratssitzungen finden wir die Zeit, zu lachen und auch über kleine, mittlere und große Katastrophen (wie beispielsweise unerwartete personelle Veränderungen, das VG-WORT-Urteil oder die KNV-Insolvenz) nicht zu verzweifeln.

Die Zusammenarbeit zeigt sich mittlerweile ja auch nach außen. Das gute alte Verlagsgebäude ist eben nicht mehr nur noch der 80er-Jahre-Bau. Seit Ende 2018 haben wir es mit dem Um- und Ausbau der Büroräume im ehemaligen Packlager (die Erinnerung an die vielen alten, orange-braunen Regale ist ganz unwirklich) auch geschafft, die Verwebung des Alten mit dem

Noch steht sie in der Garage zwischen Gartenmöbeln und Farbeimern. Aber der große Tag dieser Druckmaschine wird kommen!

Neuen deutlich zu machen. Das Gebäude ist eigentlich Sinnbild für unsere Zusammenarbeit, da geht es nicht ums radikale Aufheben des Bewährten, sondern um ein Miteinander-Ineinandergehen von Alt und Neu, von Schaffensgeneration Gunter Narr zu der von Robert Narr. Ich bin Fan davon, dass die alte Satzmaschine und der kleine Computer zum Diskettenlesen im Foyer stehen und wir mittlerweile auch den Composer aus dem Keller geborgen haben, und freue mich schon darauf, die alte Heidelberger Druckmaschine aus dem Renninger Lager irgendwo aufzustellen. Denn der Verlag hat Geschichte und ist ja gerade lebendig wegen seiner Geschichte.

Im Eingangsbereich grüßt die „gute alte Zeit"™. Wir grüßen zurück und gehen weiter.

Umbau 2018: Raum schaffen, wo vorher Fläche war. Hier werden inzwischen am laufenden Band große Ideen entwickelt, Entscheidungen gefällt und verkündet.

Man braucht Fantasie, aber das wird was ... solange noch ein Handwerker im Haus ist, besteht auch Hoffnung.

50 Jahre Verlag und 80 Jahre Verleger, das ist schon was Beeindruckendes. Ich bin froh, dass wir gemeinsam den Übergang zu den nächsten 50 Jahren gestalten können. Zum Schluss wage ich daher noch den kurzen Blick in eine mögliche Zukunft Deines, unseres Verlages. Denn man darf schließlich nie aufhören, Visionen zu haben, wenn man in der Buchbranche nicht in die Knie gehen will. Wo also könnten wir wohl 2025 stehen? In den nächsten fünfeinhalb Jahren gibt es im Dischingerweg 5 wohl sicherlich noch mehr bunte Teppiche, mehr Büroräume und vielleicht sogar mehr Parkplätze. Wir haben ein funktionierendes Media Asset Management. Unsere eLibrary wird dann endlich auch alle unsere Zeitschriftenausgaben beinhalten und wir werden nicht nur für *Die Französische Grammatik* eine Lern-Management-Software bereitstellen, sondern noch viel mehr Studierenden ein digitales Lern- und Wiederholungsangebot zur Verfügung stellen können. In den nächsten Jahren haben wir zwei neue, große Zeitschriftenprojekte umgesetzt und einen guten Weg zur Verwaltung von Peer Review-Prozessen gefunden. Wir werden mit neuen Dienstleistern und Unternehmen zusammenarbeiten, um dem Anspruch der Gegenwart gerecht zu werden. Mit aller Wahrscheinlichkeit werden wir auch eine noch größere Kaffeemaschine besitzen und den Küchenschrank für die Tee- und Kaffeetassen erweitern müssen. Wir werden unser theologisches Programm ausgebaut haben und bekannt sein für unsere Innovationen im Lehrbuchbereich, nicht nur in den Geisteswissenschaften, sondern eben auch in der Technik und der Wirtschaft. Mit gefestigten Workflows in allen Abteilungen werden wir in fünf Jahren wohl ein ziemlich starkes Team sein, das habe ich im Gefühl. Sicher, auch in den nächsten Jahren wird es Rückschläge geben, die gibt es schließlich immer. Aber die Sorgen liegen ja nie allein auf der Straße, da gibt es ja auch immer jede Menge Spaß und Erstaunliches zu entdecken, neue Bekanntschaften zu machen und neue, wichtige Bücher zu publizieren.

Der Verlag ist Dein Leben und zwischenzeitlich auch meins. Und weil ich mittlerweile auch weiß, was das bedeutet, wie viel Anstrengung und Leistung und Zeit und Kraft dahintersteckt, gratulier ich Dir von Herzen zum Jubiläum, lieber Gunter!

Robert Narr im Juni 2019

Eine handfeste Grundlage für solide Entscheidungen: Der neue Besprechungstisch entstand in ehrlicher Handarbeit.

Wir erwarten von unserem Team Mut zur Farbe. Die Devise lautet: Alles außer braun!

Kleines ABC der bemerkenswertesten und skurrilsten Verlagseigenheiten

A wie *Aquarium*. Beim Bau des Verlagsgebäudes konstruierte man im ersten Stock einen verglasten Innenhof, der einmal dazu gedacht war, dass die Mitarbeiter/innen sich in der Mittagspause oder zu Zwischendurchbesprechungen dort hineinsetzen und in etwas gelockerter Atmosphäre miteinander sprechen können. Dies fand zunächst keinen Anklang, vermutlich, weil es dort des Öfteren reingeregnet hat. So wurde der Hof mit Glas überdacht und zu einem Innenraum gestaltet. Die Dachfenster lassen sich zwar theoretisch öffnen, dennoch heizt sich das Räumchen beim kleinsten Anflug von Temperatur dermaßen auf, dass an ein Betreten nicht zu denken ist. Daher steht zwar seit Jahren eine Couch samt Glastisch zur allgemeinen Nutzung zur Verfügung, diese Einladung hat jedoch niemals jemand angenommen. Also erobert die Natur sich den Raum zurück: Zwischenzeitlich wurde das Aquarium zum Treibhaus für den verlagseigenen Orangenbaum umfunktioniert.

Sieht doch eigentlich ganz gemütlich aus? Im Sommer flüchtet aber selbst das Orangenbäumchen ins Freie und überlässt sein Domizil einer robusten, sonnenhungrigen Wüstenpflanze.

B wie *Bücher* aus allen Jahrzehnten. Einer der beeindruckendsten Gebäudeteile ist unser Lager, das alle Titel, die der Verlag je publiziert hat, beinhaltet. Hohe, bis oben gefüllte Regale erstrecken sich über die gesamte Fläche. Hier findet man wirklich alles, was man je gesucht hat, und auch manches, was man nie zu finden geglaubt hätte. Ferner gibt es auch solche Titel, die wir schlicht nicht entsorgen können, weil sie ein Teil der Geschichte sind und relevant für die Wissenschaftskultur – auch wenn sich nur noch einmal im Jahrzehnt ein Exemplar davon verkauft.

C wie *Container*. Der Container im Hinterhof bricht dem Bücherfreund in jedem von uns immer ein wenig das Herz. Wir trauern um alle Bücher, die leider keine/n Leser/in finden konnten. Mögen sie in Frieden ruhen.

D wie *den drucken wir auch noch ein drittes Mal*: Wenn der Wurm einmal drin ist, frisst er sich durch. Es gab da diesen einen Titel, der kam aus dem Druck und war Softcover statt Hardcover, da die Information irgendwo zwischen Lektorat und Herstellung verloren ging. In solchen Fällen zögern wir nicht lang, da drucken wir eben neu. Leider war das Buch, das uns nur wenige Wochen später erreichte, auch irgendwie nicht ganz richtig: Der Einband stimmte jetzt, aber sollte der Band nicht eigentlich vierfarbig sein? In solchen Fällen heißt es: Tief durchatmen, wir stehen ja immerhin für ein gewisses Niveau. Also wurde das gute Stück noch ein drittes Mal gedruckt – und die Erleichterung, dass dieses Mal alles korrekt war, stand allen ins Gesicht geschrieben. Was lange währt, wird endlich gut!

E wie *EILIG!* Wir lieben ihn alle, diesen Vermerk auf Umschlagumläufen. Kein Buch geht in Druck, dessen Umschlag nicht von mindestens zehn Paar Augen inspiziert und für fehlerfrei befunden wurde. Bezeichnenderweise sind es gerne mal die eiligen Umschläge, die irgendwo zwischen noch eiligeren Briefen, Korrekturfahnen, Projektakten, Kugelschreibern, Kaffeetassen, dringenden eMails und Aktennotizen verschütt gehen.

F wie *Fasnet*. Gottlob ist Hirschau katholisch und hat daher einen zünftigen, traditionsreichen Fasnetumzug zu bieten. (Im Gegensatz zu Tübingen. Die Protestanten können's einfach net.) Am Rosenmontag kann man die versammelte Belegschaft entfesselt „Narri, Narro!" rufend am Straßenrand finden – wenn man sie im Narrenkostüm oder Einhorn-Allover denn erkennt.

Die Mitglieder der traditionellen Narrenzünfte empfangen jeden mit offenen Armen. Wer nicht aufpasst, wird auch mal ein paar Meter mitgeschleppt.

G wie *Geschenke*. Wir bemühen uns jedes Jahr aufs Neue um kreative, besondere und schöne Weihnachtsgeschenke für unsere Autor/innen. In der Vorweihnachtszeit kann es auch mal vorkommen, dass an einem Montagmorgen jeder seine 200 selbstgebackenen Plätzchen (oder „Gutsle", wie der Schwabe treffend sagt) zum Verpacken abliefert oder der Vertrieb tagelang Cent-Stücke auf Rubbellose klebt. So viel Zeit muss sein! Wir mögen's eben einfach individuell.

Hier werden Kindheitsträume wahr: eine Wagenladung Kekse. Willkommen im Schlaraffenland!

H wie *Halbjahresvorschau*. Aus der Kategorie „Ist es schon wieder soweit?!". Die Gelegenheit, schweigsame Autoren mal wieder zu fragen, wie es denn mit dem versprochenen Manuskript so steht, tagelang nach der zündenden Idee fürs Cover zu fahnden (und dann die Bildrechte nicht zu bekommen ...), mit vereinten Kräften an pointierten, informativen Werbetexten zu feilen und die Flexibilität der Kolleginnen mit Last-Minute-Änderungen zu testen („Ich hab' da noch einen Theologie-Titel, bringen wir den noch irgendwie unter ...?"). Vier Wochen, drei Hausumläufe und viele Platzhalter später ist sie dann da, immer wieder wunderschön und vielversprechend.

I wie *IBM Composer*, der – wie aus der Zeit gefallen – neben der alten Satzmaschine, einer Schreibmaschine und dem ersten Personal Computer im Verlagsfoyer steht. Ist das Kunst oder kann das weg? Oder will der Verlag sich gar wieder auf seine Wurzeln berufen? Mit den Bezeichnungen und den Original-Geräten selbst werden viele schon gar nichts mehr anfangen können (da ist ja zum Teil nicht mal ein Stecker dran!). Verlagsmenschen aber fühlen sich wie in einem heimeligen Miniaturmuseum.

J wie *Jalousien*. Im Sommer wird es heiß. Sehr heiß. Daher besitzt jedes Fenster unseres Gebäudes Jalousien, die wohl auch bald ihren 30. Geburtstag feiern. Die unterliegen einer klaren Politik: Im Sommer sind sie unten, um die Temperaturen besonders im ersten Stockwerk möglichst human zu halten. Es gibt allerdings Feinheiten im Temperaturmanagement, die zu Beginn der warmen Jahreszeit mit einer ausführlichen Rundmail zum Thema „Lüften und Verdunkeln" ins Gedächtnis gerufen werden.

K wie *Der Kaktus*. Die Anekdote mit dem Kaktus aus dem Jahr 1987 kennt hier im Haus vermutlich jeder aus dem Lektorat. Sie ist DAS Beispiel dafür, warum der Titel eines Buches möglichst unverschwurbelt und präzise sein sollte. Metaphern sind was für die Belletristik, wir hingegen leben von einem eindeutigen Verständnis unserer Buchtitel – sonst landet das Buch eines Lyrikers nämlich in der Fachbuchhandlung für Gartenpflege und der Band zu Übersetzungsarbeit im Fachhandel fürs Heimwerken …

L wie *Lastenaufzug*. Er ist so alt wie das Gebäude selbst und leistet uns seit Jahr und Tag gute Dienste. Kürzlich war er mehrere Monate für den Personenverkehr gesperrt, da er es sich angewöhnt hatte, den Endschalter der Geschosse zu überfahren. Da rutscht einem schon einmal das Herz in die Hose, wenn der Aufzug plötzlich über die Etage hinausfährt, stehen bleibt und dann nur zentimeterweise weiterruckelt. Daraufhin ist er aber vollständig modernisiert worden und glücklicherweise wieder problemlos zu nutzen.

M wie *Manuskripte, die der Verlag ablehnen musste*. Niemand macht das gerne, denn das Publizieren ist ja das, was uns im Verlag alle verbindet. Aber manche Dinge wollen auch nach intensiver Abwägung aller Möglichkeiten leider partout nicht ins Programm passen. Darunter fallen beispielsweise eine essayistische Sammlung von *Gedanken für die Welt* oder das *Opa-Buch für Heranwachsende …*

N wie **neue Deko**. Wie die Zeit vergeht, merkt man unter anderem, wenn man nach dem Wochenende das Verlagsgebäude betritt und Frau Narr passend zur Jahreszeit umdekoriert hat. Auf diese Weise begrüßen wir Frühling, Herbst und Fasnet und natürlich ganz wichtig: die wunderbare Weihnachtszeit, die ihre Deko-Ausläufer bis in den ersten Stock entsendet. Natürlich nur mit elektrischen Kerzen – Brandschutz und so.

O wie **immerwährendes Orangenbäumchen**. Vermutlich weiß keiner mehr so genau, woher es gekommen ist, aber innerhalb dieser Verlagsmauern wohnt ein kleiner immerwährender Orangenbaum. Immerwährend? Ja. Denn das Bäumchen, das über eine lange Zeit im Aquarium vor sich hin wachsen konnte, hat einen gewissen Ehrgeiz entwickelt, rund ums Jahr Früchte zu tragen. Das nennt man wohl evolutionäre Anpassung an das subtropische Klima in Tübingen-Hirschau. Ob die Früchte genießbar sind, weiß niemand.

Andere haben einen Geißbock, eine Eule oder einen geflügelten Löwen – unser Maskottchen ist ein tapferes kleines Orangenbäumchen. Im Sommer begrüßt es uns am Eingang, im Winter bewohnt es das Aquarium.

P wie **Postfach**. Vorbei sind die Zeiten, da man sich unter Branchenkollegen einmal wöchentlich am Postfach getroffen hat? Wirklich vorbei? In Tübingen noch lange nicht! Auch wenn sonst schon kaum mehr jemand zum Postfachleeren kommt, leben und arbeiten wir treu nach dem Motto: Unser Postfach soll erhalten bleiben! Schade nur, wenn die wichtigste Post (dringende Autorenkorrekturen, Lizenzverträge oder Manuskripte auf USB-Sticks) ausgerechnet dorthin geschickt wird und es nur diesen einen Schlüssel gibt, der mit dem Inhaber just auf Auswärtsterminen, Kurzreisen oder Kongressen unterwegs ist.

Q wie **Quelle niemals endender Versorgung**. Wer spontan Appetit entwickelt oder ins Nachmittagstief taumelt, weiß, wo er im Dischingerweg fündig werden kann. Aus nicht mehr ganz rekonstruierbaren Gründen verselbstständigte sich hier die Tradition, zum Geburtstag Kuchen mit in den Verlag zu bringen. Sie haben am Wochenende zu viel gekocht? Oder sich beim Bäcker verschätzt? Ist mal wieder viel zu viel Kuchen von der Familienfeier übrig? Oder fiel einfach noch die hauseigene Apfelernte zu üppig aus? Muss die Antipasti-Platte von der Hochzeit oder der Vereinsveranstaltung weg? Die goldene Regel lautet: Alles einfach auf die Theke in die Kantine stellen und sich still und heimlich entfernen. Eine Abnahme ist garantiert. Die Mengen sind egal. Alles kommt weg. Nur das urschwäbische Anstandsstück muss wieder mit nach Hause genommen werden.

R wie *Rollen.* Jeder, der schon einmal bei uns im Lager war, kennt die berüchtigten, etwa 1 Meter langen Papprollen. Es gab sie bis vor kurzem in rauen Mengen, ganze Abstellräume waren gefüllt damit. Sie beinhalteten einen alten Kunstdruck aus dem Attempto Verlag. Offenbar war der Absatz allerdings nicht so wie erwartet – seit 1998 gehörten sie zum Inventar des Verlages. 2019 hat der Restbestand einen neuen Besitzer gefunden. Das Erstaunliche: Wir haben beim Ausräumen wirklich alles gegeben, aber hier und da, zwischen einzelnen Bücherstapeln, auf einem obersten Regalbrett oder in einer dunklen, unbeachteten Ecke im Lager, da liegt plötzlich doch noch eine der Rollen und hofft darauf, noch einmal zwanzig Jahre unentdeckt bleiben zu können.

Die Buchbranche kann was vertragen: die Kühlschrankfüllung für einen Messetag. Unten links die Vorräte an Saft und Wasser für die ganze Woche.

S wie *Sektkompetenz.* Die hat der Verlag seit ein paar Jahren. Mittlerweile sind wir berüchtigt für unsere Happy Hours auf der Frankfurter Buchmesse und unsere Anstoßleidenschaft in der hauseigenen Kantine zu Anlässen aller Art: Mitarbeiterjubiläen, Geburtstage, der Abschied in die Weihnachtspause, der Neustart im neuen Jahr, bahnbrechende Verlagserfolge, Bogenschießmedaillen …

T wie *Termingeschäft.* Jeder weiß es: Das Verlagswesen ist ein Termingeschäft. Hier gibt es Deadlines und klare Vorstellungen von Manuskriptabgaben und Erscheinungsterminen, da kennen wir und unsere Autoren wirklich nichts. Merkwürdig, wieso dann manchmal Bücher erscheinen, deren Vertragsabschluss zwölf Jahre her ist. Unerklärlich auch, welch höhere Macht immer gerade bei den wichtigsten Themen die Manuskriptabgaben in letzter Sekunde verhindert.

U wie *UTB, heute mal in grün.* Wer kennt sie nicht? Die markanten rot-blauen Unitaschenbücher werden wohl von jedem Studierenden dieses Landes in die Hand genommen. Doch auch die Titel, die nicht mehr regelmäßig genutzt werden oder nur Nischenkurse bedienen, halten wir für unsere Leserschaft über das Print on Demand-Verfahren lieferbar. Ganz selten kommt es vor, dass uns merkwürdige Rückmeldungen wie diese erreichen: „Ich hab ein grünes UTB bekommen." Was genau wohl beim Nachdruck des Titels passiert ist, wird ein Geheimnis bleiben – jedenfalls lagen sich unsere Umschlagsdatei und die Druckmaschine bei diesem Exemplar offenbar in der Wolle.

V wie *Vogel-Urteil*. Schlimm genug, dass das endlose Verfahren uns wie alle Verlage am Ende sehr viel Geld gekostet hat, als die Verlegerbeteiligung an der VG WORT-Ausschüttung für unrechtmäßig erklärt wurde. Der Umgang mit der Entscheidung und ihren praktischen Auswirkungen hat aber auch viele Köpfe zum Rauchen gebracht. „VG WORT" ist zum Unwort des Jahres 2017 erklärt und offiziell aus den Lektoratssitzungen verbannt worden – es sei denn, es wird in den Verbindungen „die VG WORT hat für diesen Titel eine großzügige Förderung bewilligt!" oder „die VG WORT darf die Verlegerbeteiligung wieder durchführen!" verwendet.

W wie *weiße Seiten*. Selbstverständlich werden die Bücher, die wir aus der Druckerei erhalten, im Haus geprüft und dann erst zur Auslieferung freigegeben. Hin und wieder bewahrt einen das aber nicht vor kuriosen Pannen: Bei einem unserer wissenschaftlichen Bände aus der Theologie erhielten wir siebzehn (!) Jahre nach Erscheinen die Rückmeldung eines Bibliothekars, dass eine der Buchseiten im zweiten Drittel der Monographie unbedruckt ist und der Text unvermittelt abbricht. Er fragte höflich, ob wir ihm diese Seite nicht nachliefern könnten. Das spricht doch für eine aufmerksame Lektüre!

X wie *XML*. Wie doch diese drei kleinen Buchstaben eine ganze Generation von Lektor/innen zum Stöhnen und Kopfschütteln und auch fast zum Verzweifeln gebracht haben! Wieso klappt denn die doofe Satzumstellung auch nicht einmal auf Knopfdruck? Wieso schreibt mein Autor sein gesetztes Buch neu, wo wir ihm doch ausdrücklich erklärt haben (lassen), wie aufwändig Satzkorrekturen in XML-Quelltexten sind? Warum kann da kein Vorwort mehr vor dem Inhaltsverzeichnis stehen? Wozu diese ganzen Standards? Wieso geht das jetzt alles nicht mehr? Und wie zum Himmel kann ein Text verbuggt sein? Das war doch früher irgendwie alles besser … komisch, dass am Ende trotzdem immer ein gutes Buch rauskommt, mittlerweile in Begleitung eines guten eBooks. Das muss wohl dieser digitale Fortschritt sein, von dem immer alle reden …

Y wie *Yoghurt*. Wird aus dem Kühlschrank entfernt, wenn das Verfallsdatum in einer Zeit liegt, als man Joghurt noch mit Y schrieb. Gleiches gilt für Obst jedweder Art in Tupperdosen. Weitere wichtige Küchenregeln: Jeder räumt mal die Spülmaschine aus. Nach dem Aufwärmen von Curry-Gerichten in der Mikrowelle mindestens ein Fenster öffnen. Und ganz wichtig: Wenn die Kaffeemaschine ein Reinigungsprogramm wünscht, kriegt sie es. Den Hinweis nicht wegdrücken!

Z wie ***zu unserem tiefsten Bedauern*** hat das Alphabet nur 26 Buchstaben. Sie genügen immerhin, um einen kurzen Einblick in die täglichen Freuden des Verlagslebens zu geben – und ein paar tausend Bücher werden wir auch noch draus machen.